STEIDL

taschenbuch 157

Neue isländische Literatur

Herausgegeben von Hubert Seelow

Kolbrún Haraldsdóttir
Hubert Seelow (Hg.)

Flügelrauschen

Erzählungen zeitgenössischer isländischer Autoren

Aus dem Isländischen von Studenten
der Nordischen Abteilung
der Universität Erlangen-Nürnberg

Mit biographischen Anmerkungen zu den Autoren
von Hubert Seelow

Steidl

Wir senden Ihnen gern unser kostenloses Gesamtverzeichnis zu:
Steidl Verlag, Düstere Straße 4, D-37073 Göttingen

00 01 02 03 04 9 8 7 6 5 4 3 2 1

Umschlaggestaltung: Klaus Detjen
unter Verwendung eines Fotos von Fritz Pölking (Visum/plus 49)
Satz, Druck, Bindung:
Steidl, Düstere Straße 4, D-37073 Göttingen
Printed in Germany
ISBN 3-88243-744-8

Inhalt

Andri Snaer Magnason

Gras

Gras. Es ist wirklich seltsam, daß die Leute denken, daß der, der für sie im Sommer das Gras mäht, kein Interesse an etwas anderem als Gras hat. Nach vier Jahren dieser Sommerarbeit bin ich zu einem Spezialisten im Reden über Gras geworden. Ich kann eine Unterhaltung mit dem Eigentümer des Grases eine Stunde lang aufrechterhalten und ausschließlich über Gras reden, obwohl mich das tödlich langweilt. Aber was macht man nicht alles für Stundenlohn? Gras darf an der Wurzel nicht gelb werden, sage ich, denn dann ist es viel zu hoch. Viel Dünger verdirbt Gras, und es darf nicht zu viel Moos im Gras sein und auch nicht Löwenzahn, obwohl ich nicht genau weiß warum, und man darf Gras nicht rauchen (den kapieren die Leute nie). Viele freuen sich auch mächtig, wenn ich sage, daß ihr Grundstück viel schwieriger zu mähen war als das Grundstück nebenan. Dann meinen sie, daß sie so viel bekommen hätten für ihr Geld.

Es ist egal, aus welcher Schicht oder welchem Beruf die Menschen kommen oder welche Lebensanschauungen sie haben; alle sind gleich, wenn man auf Gras zu sprechen kommt, und ich muß dafür büßen. Obwohl mich das Gras zu Tode langweilt, kann ich kaum aufhören. Das ist eine gut bezahlte Arbeit, und ich habe mir vor kurzem eine Motorsense gekauft, die das Gras neunmal schneller mäht, als man es mit einer normalen Sense kann.

Ich würde verrückt werden, wenn ich nicht die Dichtergruppe hätte, zum Ausgleich. Wir sind neun Jungs, die sich regelmäßig in einem hundert Jahre alten Haus am Friedhof in der Sudurgata treffen, wir trinken Rotwein oder Kognak, reden über Literatur und lesen aus eigenen Werken vor, Gedichte oder Erzählungen, Übersetzungen und sogar wissenschaftliche Aufsätze. Manchmal kommen ältere Dichter zu den Treffen und stellen uns ihre neuesten Werke vor. Man hält uns für eine vielversprechende Gruppe, und einige von uns haben Bücher herausgegeben, die ausgezeichnete Kritiken bekommen haben, darunter ich.

Neulich mähte ich das Gras für einen festen Kunden. Mit Vollgas. Die Messer der Sense drehten sich wie unsichtbare Helikopterblätter und schlugen Breschen in die Reihen der Grashalme. Legten sie um. Grüner Saft und Grasstückchen spritzten alles voll und bedeckten meinen orangefarbenen Overall, so daß er zu einem Kiwipelz wurde. Manchmal wurden Schnecken mitgemäht und flogen mir ins Gesicht. Der Schleim schmeckt schlimmer als Löwenzahnmilch, an die Schnecken selbst gewöhnt man sich jedoch ziemlich gut, schön weich zwischen den Zähnen.

Ich dachte an den Goldregenpfeifer im Nest, den ich im letzten Jahr versehentlich mitmähte. Blut. Eierschalen. Federn. Manchmal möchte ich in einer schwarzen Kutte arbeiten wie der Sensenmann. Mit einem wilden Grinsen auf den Lippen würde ich wie ein Lauffeuer dahinfegen. Ha ha. Keinen Grashalm verschonen. Brumm. Brumm. Zisch. Töten. Töten. Durch die Ohrenschützer dringt angenehmer Klang von Schmerzensschreien und Zähneknirschen wie Rufe aus dem Jenseits.

Ich schalte den Motor aus, der Benzingeruch vermischt sich mit dem Grasgeruch. Der Eigentümer des Grundstücks kommt. Er ist ein Großkaufmann mit unstetem Lebenswandel, der etwas für tote Künstler übrig hat. Ich nehme die Ohrenschützer ab, obwohl ich sie lieber aufhaben würde, und mache mich bereit für eine Unterhaltung über das Gras. Ich schalte deshalb die linke Gehirnhälfte aus.

– Guten Tag, Grasmann, sagt er.

– Guten Tag, sage ich.

Kurzes Schweigen, während wir beide das Tagewerk betrachten.

– Das war wirklich ein ausgezeichnetes Buch, das du mir neulich geschenkt hast, sagt er.

– So, hast du es gelesen? frage ich erstaunt.

– Nein, meine Schwester hat es gelesen, ich wollte dich bitten, ihr Gras auch zu mähen.

– Das müßte sich machen lassen. Interessiert sie sich für Literatur? frage ich in der Hoffnung, daß ich endlich für jemanden arbeiten würde, der über etwas anderes als Gras redet.

– Ja doch, das ist anzunehmen, sie ist zumindest Schriftstellerin.

– Wie heißt sie?

– Sie heißt Gunnlöd und wohnt im Skerjafjördur, Bauganes 13.

Ja, Gunnlöd. Ich wußte, wer sie war. Sie hatte einige ziemlich gute Bücher geschrieben, und wir waren einmal am Überlegen gewesen, sie dafür zu gewinnen, uns aus ihnen vorzulesen. Endlich jemand, der über etwas anderes als Gras reden würde. Gunnlöd hatte einige Anerkennung gefunden, und sie war oft die Erste, die genannt wurde, wenn jemand eine Dichterin nennen sollte.

Am nächsten Tag setze ich mich in mein Auto, einen roten Peugeot 205 GR, und fahre los. Ich sause die Miklabraut hinunter, die Hringbrautkurve entlang, zum Kreisverkehr zwischen dem alten Friedhof und dem Nationalmuseum. Dort biege ich in die Sudurgata ein, die schnurgerade auf den Berg Keilir zuführt. Ich lenke das Auto in die Mitte der Straße, die Streifen steuern direkt auf die Spitze des blauen Dreiecks zu, das meinen Blick abkühlt und ihn schärft. Pyramide in der Wüste, für niemanden errichtet! dichtete Hannes Petursson. Ich murmle einen Teil aus Die Zeit und das Wasser vor mich hin, während die Mittelstreifen unter der Motorhaube verschwinden:

> Auf einer rechtwinkligen Fläche
> zwischen dem Ring und dem Kegel
> wächst die weiße Blume des Todes.

Die Sudurgata ist die rechtwinklige Fläche zwischen dem Kreisverkehr und Keilir. Ich schaue mich nach der weißen Blume des Todes um, sehe aber nichts außer dem weißen Stein am Straßenrand und beschließe, dem im Herbst genauer nachzugehen, wenn die Halluzinationspilze aus dem Boden schießen.

Es war nicht schwierig, Gunnlöds Haus zu finden. Es ragt wie ein großer, unbemalter Felsen mitten aus dem Garten heraus, außen nicht glatt verputzt, sondern unregelmäßig, wie wenn spanische Häuser gekalkt werden, und deutlich machend, daß sich der Architekt nach Belieben austoben durfte. Der Garten riesengroß und ganz verwildert, voller Löwenzahn und Sauerampfer. Sicherlich genügend Schnecken da drin, dachte ich mir.

Der Zugang zum Haus war etwas seltsam. Späne von der frisch geschnittenen Hecke wirbelten über den Weg zum Eingang, der aussah, als ob jemand nur ein großes Loch in die Wand gebohrt hätte, aber da ich mich auch zu den Künstlern zähle, habe ich Achtung vor schöpferischer Architektur.

Gunnlöd stand an der Eingangstür und machte an einer Skulptur herum. Sie schaute auf und strich sich eine Strähne von den Augen.

– Guten Tag, sagte sie, bist du Arnar?

– Ja doch, guten Tag, versuchte ich poetisch zu sagen.

Sie bat mich auf einen Kaffee hinein. Drinnen waren alle Wände mit Büchern bedeckt, und was für Bücher! Erstausgaben von Werken der einflußreichsten Dichter der Literaturgeschichte. Dort, wo keine Bücher die Wand bedeckten, waren Kunstwerke aus unterschiedlichen Epochen und Kulturkreisen, die Statue einer fetten Fruchtbarkeitsgöttin, ägyptische Hieroglyphen und einige abstrakte Gemälde.

Gunnlöd ging auf die 40 zu und sah genauso aus wie ein Mann will, daß seine Frau in diesem Alter aussieht. Sie war schlank, aber trotzdem kräftig, hatte blaue, scharfe Augen, schwarzes, langes und etwas zerzaustes Haar. Die Brüste waren so, wie sie ein Dichter beschrieben hätte. Ich wußte nicht ganz, was ich sagen sollte, deshalb tat ich so, als würde ich nachdenken und setzte einen philosophischen Gesichtsausdruck auf.

– Schreibst du schon lange? fragte sie und unterbrach die Stille.

– Ja, schon einige Jahre, antworte ich.

– Das ist ausgezeichnet gelaufen bei dir, gute Kritiken, und du scheinst viel zu dichten.

– Ja, ich habe eben einen so großen, so inneren Drang.

– Mir gefiel es zu sehen, wie du über die Natur dichtest, sie hat deutlich noch ihren Platz bei jungen Dichtern.

– Ja, im ersten Buch dichtete ich ein wenig über das Land und die Natur, dort, wo ich ihre Nuancen den Wetterumschwung im Gefühlsleben wiedergeben lasse.

– Und im Unwetter des Gefühlslebens saust du auf Pegasus herum, nicht wahr! sagte sie pathetisch und spielte Unwetter.

– Ja, richtig, da versuche ich oft, das Dichterroß zu reiten.

– Du reitest nicht die Dichtergöttin? sagte sie, schlug mir auf die Schulter und lachte laut los.

– He, he, nein, antworte ich.

– Das war allerdings eine andere Art von Natur, die mich in der Kurzgeschichtensammlung entzückte, sagte sie dann.

– Fandest du nicht, daß das zu weit ging? frage ich und werde ein wenig rot.

– Nein, das denke ich nicht, das Buch war ganz hervorragend, du hast diese poetische Vorstellungskraft. Deine Beschreibungen der Liebe waren ganz und gar brennend heiß, ich stand vollkommen in Flammen.

– D-da-danke, sagte ich und errötete noch mehr.

– Willst du noch Kaffee?

– Ja, ja, sagte ich.

– Woher bekommst du diese erotischen Ideen? Du hast das wohl kaum alles selbst ausprobiert. Ich habe mir übrigens oft überlegt, ob einiges davon überhaupt durchführbar wäre.

– He, he, ich weiß es nicht, doch sicherlich, sage ich verlegen.

– Wie etwa, als sich das Paar im Flugzeug liebte, mit den Lederriemen, oder als die Männer- und die Damennationalmannschaft nach dem Training plötzlich zusammen in der Dusche landeten. Haben Sportler wirklich so große Ausdauer?

– Ich denke schon.

– Treibst du irgendwelchen Sport? fragte sie dann.

– Ich gehe manchmal ins Solarium, seufze ich heraus.

– Du hast in vollen Zügen vom Skaldenmet trinken dürfen, Junge! Es ist fast so, als ob du in Gedichten sprichst, sagte sie und holte noch Kaffee.

Das sagen auch meine Dichterbrüder, ich meine, daß ich zumindest nicht den Anteil der Dichterlinge bekommen habe, sage ich und versuche, den Intellektuellenhumor ein wenig beizubehalten.

Sie beugte sich über mich und schenkte in die Tasse ein, ihre Brüste berührten meinen Nacken, ganz wie wenn eine Lehrerin einem hilft, eine Mathematikaufgabe zu lösen. Ihre Wange berührte meine, sie duftete wie eine Birke nach dem Regen. Eine Lichtung in Thorsmörk.

– Am besten fand ich die Geschichte *Schwerelose Liebe*. Ich habe immer davon geträumt, in der Luft zu schweben und mich mit jemandem zu lieben.

Sie streichelte sich überall und tanzte, als wäre sie schwerelos, bis sie auf den Boden fiel und mich beim Fallen mit sich herunterzog. Ich landete auf dem Rücken mit ihr oben auf mir und spürte einen heißen Atem. Hinter dem aufreizenden Lächeln schienen weiße Zähne und eine feuerrote Zunge. Mein Herz schlug, ich versuchte mich zu beherrschen. Die versuchte doch tatsächlich, mich zu verführen, diese Frau. Nur weil sie ein bißchen hübsch war, sollte ich zu ihr ins Bett springen wie ein x-beliebiger Groupie. Ich schloß die Augen. Zählte bis zehn. Zählte bis zwanzig. Dachte an den Export von Agrarprodukten.

Ich hatte immer einen mystischen Abstand zu Frauen gehalten, um ständig einen ausreichenden poetischen Liebeskummer zu haben. Wenn ich mich verliebte, bewunderte ich das Mädchen aus der Ferne und wartete, bis irgendein anderer sie kriegte. Dann eilte ich heim und dichtete Liebeskummergedichte, ich schaffte es oft, das Unglücklichsein einige Wochen lang aufrechtzuerhalten, wenn ich mich bemühte.

Als ich die Augen öffnete, stand ich splitternackt in der Mitte des Wohnzimmers. Wie Schlangen krochen ihre Hände und Füße meinen Körper entlang. Ich konnte mich nicht länger zurückhalten. Ich konnte nicht bestehen gegen diesen bezaubernden Schlangenkörper, der sich um mich wand. Ich wollte sie darum bitten aufzuhören, aber da sprach ich nur doppelzüngig, denn sie hatte ihre Zunge in meinen Mund gesteckt. Mir blieb das Wort in ihrem Halse stecken. Schließlich brachen alle Schranken. Wir aßen verbotene Früchte, tranken Wein und liebten uns die nächsten drei Tage lang ununterbrochen.

Am dritten Tag erhob ich mich wieder vom Bett, und da wurde mir etwas übel. All dieses Essen und Trinken und die ganze Bewegung schlug sich mir auf den Magen, ich übergab mich plötzlich in ein Gefäß, das neben dem Bett lag.

– Entschuldige, stöhnte ich, falls es unbrauchbar geworden ist, werde ich ein neues kaufen. *Bodn.* Ist das eine teure Marke?

– Nein, nein, das ist uralter Kram, sagte sie und lächelte mich zärtlich an.

– Mäh einfach das Gras dafür.

Ich ging hinaus und wollte anfangen zu mähen, aber meine Motorsense war kaputt. Ich bin nie sehr für Motorsensen gewesen und hatte Angst vor dem Tag, an dem sie mich im Stich lassen würde. Gunnlöd lieh mir statt dessen eine Sense. Der Mann, dem die Sense gehörte, war schon lange gestorben.

Ich mähte den ganzen Tag, sie aber saß am Fenster und schrieb. Der Garten war groß und schwierig, sicherlich eine Monatsarbeit für einen einzelnen Mann, wenn es so weitergehen würde. Am Abend ging ich zu meinen Dichterbrüdern und bat sie um Unterstützung. Sie waren ziemlich skeptisch, bis ich ihnen die ganze Sache erklärt hatte.

Am nächsten Tag erschienen wir zu neunt mit Sensen und begannen die Wiese zu mähen. Die Arbeit war schwieriger, als wir uns vorgestellt hatten, weil wir so einen Graswuchs noch nie gesehen hatten. Wir benötigten daher für diese Arbeit einige Wochen, zumal Gunnlöd in regelmäßigen Zeitabständen herauskam und den einen oder anderen auf einen Kaffee hineinbat und man ihn dann die nächsten drei Tage lang nicht sah. Da grinsten wir uns gegenseitig zu. Sie ist leicht zu kriegen, sagten wir.

Ob nun ihr Wasserbett schuld war oder das Obst, es wurde am dritten Tag allen ziemlich übel, mit der Folge, daß sie sich übergaben. Trotzdem war das ein kleines Opfer für diese großartige Erfahrung. Gunnlöd rettete zum Schluß auch ihre alten Gefäße und stellte statt dessen einen alten Kessel neben das Bett, in ihn übergaben sich die letzten drei Dichterbrüder.

Aber dieser Garten war irgendwie anders als andere Gärten, und es war nicht annähernd genauso langweilig, ihn zu mähen. Wir sprachen viel darüber, was das sein könne. Einige Jungs sagten, daß das Moos weicher und feuchter sei, aber ich machte sie darauf aufmerksam, daß das Gras an der Wurzel gelber wäre, denn es sei viel zu hoch. Den anderen gab es zu viel Löwenzahn und Sauerampfer.

Es ist jedoch schwierig, genau zu entscheiden, was das ist im Garten von Gunnlöd, das anders ist als in anderen Gärten. Wir treffen uns regelmäßig, um über ihr Gras zu sprechen, trinken vielleicht Bier, und immer kommen neue und interessante Sichtweisen zur Sprache. Trotzdem würzen wir die Unterhaltung oft damit, daß wir über Autos, Prinzessin Diana und Pamela Anderson reden oder eine Stripteasetänzerin engagieren, um uns zu amüsieren. Es gibt nur einen unter uns, der immer noch dichtet. Er ist ziemlich gut und kommt stets mit einem unanständigen Limerick auf jedes Treffen.

Keiner von uns durfte Gunnlöd die Dichterin ein weiteres Mal genießen. Wir mähten trotzdem weiterhin ihren Garten und ab und zu sahen wir bekannte Dichter oder Wissenschaftler auf Drei-Tages-Besuche kommen. Sie ist mannstoll wie Madonna, dachten wir bei uns. Ihr Ruhm nahm zu, da man sie sogar in den Klatschzeitungen sah, mit Ausländern im Arm. Dort stand, daß sie einen Batzen Geld für irgendeinen Nobelpreis bekommen hätte.

Übersetzt von Andreas Blum

Andri Snaer Magnason

Schlaf, meine Liebe

Du warst schön, als ich hinausging, und ich küßte dich sanft auf die Wange und strich dir eine Locke aus dem Gesicht. Ich gab acht, dich nicht zu wecken, aber draußen war es taghell geworden, so daß ich nicht mehr schlafen konnte. Meine Gedanken schweiften ziellos umher, und mir wurde schwer ums Herz. Ich sehnte mich so danach, dir das schönste Wort ins Ohr zu flüstern, konnte es aber nicht. Ich ging ins Wohnzimmer und öffnete die Balkontür. Es gab nicht genug Platz zum Atmen, also schlüpfte ich in meine Sachen und griff aus alter Gewohnheit nach dem Handy. Ich ging los, spürte aber, daß ich nicht atmen konnte, nicht in dieser Straße, nicht in diesem Viertel, und so holte ich mein Fahrrad und fuhr davon.

Die große Straße, Miklabrautin, fiel nach Westen hin ab, also steuerte ich mein Rad nach Westen. Da wußte ich plötzlich, wohin ich unterwegs war. So früh am Morgen gab es keinen Verkehr, also fuhr ich mitten auf der Straße und trat im schwersten Gang in die Pedale und sah, wie der Asphalt vorbeisauste, wenn ich nach unten blickte. Wenn man die Freiheit spürt, die die Geschwindigkeit und der Wind im Haar einem schenken, dann ist es unmöglich, an einer roten Ampel zu stoppen, also schloß ich die Augen und ließ den Lenker los und hielt mir die Ohren zu und glitt lautlos über die Kreuzung. Die Miklabraut war wie ein ausgetrocknetes Flußbett, und es stieg in einem diese beunruhigende Ahnung auf, die ausgetrockneten Flußläufen anhaftet. Die Ahnung von einer Kraft, die jeden Moment losbrechen und über dieses Niemandsland hereinstürzen konnte.

In jedem Jahr gehört ein bestimmter Augenblick nur uns beiden. Der 9. August, 22.03 Uhr. Dann versinkt die Sonne beim Untergehen genau im Krater des Snaefellsjökul. Seit wir uns kennen, sind wir an diesem Tag hinaus auf die Halbinsel Grotta gefahren und haben das Wunder mitverfolgt. Es ist immer wieder seltsam, Richtung Westen zu fahren, vorbei an

Leuten, die durch die Stadt rasen, als würden sie irgend etwas verpassen, und die doch nicht die leiseste Ahnung davon haben, was sie wirklich verpassen. In Wirklichkeit ist es unglaublich, daß dieser Moment uns allein gehören sollte. Ich habe noch niemanden getroffen, der gesehen hat, wie die Sonne beim Untergehen genau im Gletscher versinkt, obwohl das vor den Augen einer gesamten Stadt geschieht. Ich habe nie in den Medien darüber berichten hören, und ich habe kein einziges Mal ein Bild davon gesehen, was es für uns natürlich spannender machte. Selbst wenn die Sicht schlecht ist und der Gletscher im Dunst ruht, dann ändert das nichts daran, daß um 22.03 Uhr sich am Horizont die vergoldeten Umrisse eines schwarzen Dreiecks abzuzeichnen beginnen. Eine Kostprobe der bevorstehenden Dunkelheit.

In letzter Zeit lief es zwischen uns nicht gerade schlecht, aber auch nicht besonders gut. Gestern hatte ich irgendwie schlechte Laune, und das Wetter war ziemlich naßkalt, also sagte ich, daß der Sonnenuntergang jetzt bestimmt nicht schön würde und wir doch genausogut morgen hinfahren könnten, auch wenn die Sonne dann nicht genau im Krater versinken würde. Da fragtest du, ob ich dir wehtun wollte, und ich sagte, daß wir viel zu jung wären, um in irgendwelchen verdammten Nostalgien zu schwelgen, daß es völlig okay wäre, mal etwas Neues auszuprobieren, zu sehen, wie die Sonne neben dem Gletscher versinkt. Du schwiegst und gingst schlafen.

Der Schlaf ist mittlerweile eigentlich das einzige, was uns beiden gemeinsam gehört. Trotzdem ist es lange her, daß ich von dir träumte.

Wir sind verschieden. Du planst alles lange im voraus. Ich schaffe es nie, etwas früher als bestenfalls am Tag zuvor zu planen. Du kannst nie springen, du kannst nie zugreifen. Wenn wir die Konzertkarten nicht eine Woche im voraus kaufen, haben wir das Konzert schon verpaßt. Allerdings passiert es ungleich öfter, daß ich mit einem Tag Verspätung sage: *Wir hätten gestern dieses oder jenes tun sollen.* Mit einem Jahr Verspätung sehe ich all die Möglichkeiten, die offenstanden, und all die Chancen, die wir verpaßt haben. Du versuchst, mich dazu zu bringen, daß ich etwas plane, etwas tue, daß wir uns aufraffen, aber ich mache deine Bemühungen immer kaputt. Wir machen einander kaputt und enden bei Null. Ich hatte einmal das Motto, im Jetzt zu leben, aber in Wirklichkeit bin ich auf dem Weg, uns bei Null sterben zu lassen.

Ich weiß nicht, warum ich so blind für die Zukunft bin. Vielleicht hat man es als Kind einfach aufgegeben, in diese Richtung zu blicken, ständig waren irgendwelche Leute dabei, sie in Stücke zu sprengen. Ich erwartete ständig, daß die Welt irgendwie untergehen würde.

Als ich elf war, war ich überzeugt davon, daß es zum Atomkrieg kommen würde, wenn nicht sehr bald, so doch zumindest vor meinem fünfzehnten Geburtstag, warum der fünfzehnte, weiß ich nicht mehr. Aber ich weiß noch, wie meine Schwester und ich alleine zu Hause saßen und *The Day After* ansahen, der vom Tag nach einem Atombombenangriff handelte. Der Atompilz machte mit weißem Blitzlicht einen Schnappschuß von der Stadt und blendete alle, wir aber saßen mit roten Augen da und sahen, wie die Druckwelle durch die Stadt raste und wie dann am Tag danach verbrannte Leichen in ihren Autos saßen, die Mamaleiche, die Papaleiche und die Kinderleichen, und die Reifen geschmolzen wie Margarine. Und ich überlegte mir, ob mein Zimmer einer solchen Welle standhalten würde und ob ich vom radioaktiven Niederschlag Krebs bekommen würde, und dann dachte man an das Mädchen, in das man verknallt war, würde sie überleben? Und man hatte alle möglichen Lebensrettungsphantasien. Ich sah uns zusammen in irgendwelchen Ruinen sitzen und Dosenfutter essen, und ich würde ihr meinen Anorak leihen, damit sie im atomaren Winter nicht erfriert. Ich selbst würde mich dafür an sie rankuscheln dürfen.

Kaum hatte man sich von diesem Atomzeug erholt, da waren die Zeitungen voll von Aids. Zuerst glaubte man, das wäre so etwas Ähnliches wie der Schwarze Tod, aber trotzdem war es zu weit weg, um einem Angst zu machen. Aber dann kam diese Schlagzeile in der DV, daß ein Aidskranker in der

Linie 10 gekotzt hätte, dem gleichen Bus, den ich in die Schule nahm, und man bekam so eine Art Berührungsphobie. Ich weiß noch, daß ich am nächsten Tag nicht wagte, mich an den schwarzen Stangen im Bus oder an den Sitzlehnen festzuhalten, alles war so klebrig und krank geworden. Aber auf einmal fuhr der Bus mit einem Ruck an, und ich fiel auf den Boden und schürfte mir die Haut an der Hand ab. Lange Zeit bildete ich mir ein, daß das Virus aus der Kotze noch dort im Boden gesessen hätte und in die Wunde gelangt wäre. Da war ich absolut überzeugt davon, daß ich meinen fünfzehnten Geburtstag nicht überleben würde.

Zu all dem kamen dann noch die Jugendbücher von Edvard Ingolfsson, die man mit zwölf las: *Fester Freund mit fünfzehn* und *Zusammengezogen mit sechzehn* und die einen in seiner Überzeugung bestätigten, daß fünfzehnjährige Kinder schon längst reif und erwachsen waren, es in Wirklichkeit aber trotzdem kein Leben nach dem fünfzehnten Geburtstag gab. Aber die Bücher schürten die Hoffnung, daß man es vielleicht schaffen könnte, eine Freundin zu finden, eine Familie zu gründen und ein Zuhause aufzubauen, bevor man an Aids sterben und die Druckwelle einen wegfegen würde.

Als man endlich fünfzehn wurde und die Welt so unerschütterlich dastand wie nie zuvor, da wollte man von diesen Grübeleien nichts mehr wissen. Die Jugendbücher waren das Beschissenste, was jemals geschrieben worden war. Die Atomkraft war vorläufig irgendwie vergessen, Aids ziemlich weit weg, besonders für einen, der noch nie eine Injektionsnadel oder einen Schwulen gesehen hatte. Aber weil das alles in einen eingesikkert war, bevor man geschlechtsreif wurde, glaube ich, daß dieser ganze Mist einen viel größeren Einfluß auf einen hatte, als man zugeben will.

Genauso wie die Fähigkeit, Fremdsprachen zu lernen, nach der Geschlechtsreife zurückgeht, glaube ich, daß ich nie die Fähigkeit entwickelt habe, weiter als bis ins Jahr 1989, in dem ich fünfzehn wurde, in die Zukunft zu sehen. Danach schaute ich zurück. Seitdem habe ich nie weiter als eine Woche in die

Zukunft gesehen. Ich habe mir nie irgendein anderes Leben vorstellen können als das, was ich jetzt gerade lebe, und das, was ich gelebt habe, aber ich sehe vor mir eine Menge Dinge, die ich in der Vergangenheit hätte tun können. Ich habe mich zwar an der Uni eingeschrieben wie andere auch, aber das hat nichts mit Zukunftssicht oder Planung zu tun. Man tut einfach das, was man tun soll. Manchmal habe ich das Gefühl, daß meine Seele sich nicht darauf eingestellt hat, daß ich zehn Jahre nach dem erwarteten Ende noch immer am Leben bin und daß die einzige Marschverpflegung für die Zukunft aus schlechten Jugendbüchern stammt. Es ist, als wäre die ganze Zeit nach dem fünfzehnten Geburtstag eine Art Bonus, aber doch nicht sicher genug, daß es sich lohnen würde, für die Zukunft zu säen. Deshalb ernte ich nichts.

Und wahrscheinlich ist es Ironie, daß, als die Welt schließlich unterging, es nicht an einer Bombe lag oder an einem Virus, sondern an einem Wort und an einer Frau und doch hauptsächlich an mir.

Deshalb bin ich hergekommen, ich will das *Wort* finden. Aus diesem Wort heraus will ich eine neue Welt erschaffen.

Ich fuhr die Hringbraut bis zum Ende und dann den Eidsgrandi entlang, bis der Asphalt aufhörte, und dort stellte ich das Rad ab. Ich streifte im Tanggeruch über die Halbinsel und dachte nach. Ich war entschlossen, nicht eher heimzufahren, als bis ich mit mir selbst ins Reine gekommen wäre und mit der Liebe und dir und damit, ob diese Dinge überhaupt zusammenpaßten. Freilich sind wir schon ziemlich lange zusammen, ewig lange, sagen meine Freunde, unfaßbar lange. Vierzig Prozent meines Lebens, die Hälfte der Zeit, an die ich mich überhaupt erinnere, die ganzen Jahre auf dem Gymnasium und an der Universität. In Wirklichkeit ist eine zehnjährige Beziehung nicht besonders kompliziert, wenn man sie sich im Schnelldurchlauf ansieht. Wenn man verliebt ist, verstreichen zehn Jahre wie nichts. Diese zehn Jahre verstrichen wie nichts.

Aber dann, wenn die Beziehung einschläft, hat man das Gefühl, als ob die wichtigste Zeit des Lebens als die ruhige Videophase vergangen wäre. Die gemütliche romantische Paarphase, die beginnt, wenn die größte Spannung aus dem Sexualleben gewichen ist. Wir hocken auf dem Sofa und warten darauf, daß die Eltern einschlafen, und man glaubt, das sei das Leben, aber dann begreift man, daß alle ein ganzes Leben länger gelebt haben als wir und tausend Leute kennengelernt und eine Million Geliebte gehabt haben, und wir wissen nicht mehr, was was ist. Und jetzt bin ich wieder dabei, mich in der Vergangenheit zu wälzen wie einen Fisch in der Panade.

Könnte ich wählen aus einer Million Geliebten, ich wählte dich. Ich sehne mich danach, dich besser kennenzulernen.

Über eine Sache habe ich nachgedacht:

Kann es in der Liebe Ungewißheit geben? Kann man *vielleicht* sagen? Ist die Liebe nicht bedingungslos? Schwarz oder weiß, heiß oder kalt? Gibt es etwas, das *lauwarme* Liebe heißt?

Ich bin nie allein gewesen, höchstens ein oder zwei Wochen, und da hat man immer versucht, viel Zeit mit den Jungs zu verbringen und etwas für die Schule aufzuarbeiten. Es ist immer etwas los, was Augen und Ohren erfüllt. Ich habe mir nie Zeit gelassen, mich selbst kennenzulernen, ich habe mich immer in anderen gespiegelt, versucht, etwas zu sein. Manchmal ist man allein zu Hause, es ist still, und es geht einem gut, und man denkt über etwas nach. Aber dann packt einen eine plötzliche Rastlosigkeit, und man schaltet zufällig den Fernseher ein oder ruft jemanden an und schwatzt ohne Sinn drauflos. Ich habe nie allein zurechtkommen müssen, ich war nie allein unterwegs, ich könnte es jetzt, aber ich mache es nicht. *Ich hätte* und *ich könnte* sind in meinem Mund genau gleich unbrauchbare Worte.

Als wir zum ersten Mal an einem 9. August um 22.03 Uhr nach Grotta hinausfuhren, fielen uns sofort die Berge auf. Vielleicht war das deshalb, weil wir so jung waren. Das sind die einzigen

Berge in der Nähe der Stadt, welche die Ansprüche erfüllen, die Kinder an das Aussehen von Bergen stellen. Sie haben gerade Linien und scharfe Gipfel. Es sind folgende Berge: die *Moskardshnukar*, die drei Gipfel zwischen der Esja und dem Skalafell, der *Keilir* wie eine schwarze Pyramide in der Wüste und der *Snaefellsjökul* wie das Urbild eines Vulkans aus der Ferne.

Über diese Berge haben wir oft nachgegrübelt. Irgendwie fingen wir an, unseren Platz in der Welt von ihnen aus zu definieren. Wir standen in der Mitte eines Kreises, der den Keilir bei 120 Grad durchläuft, die Moskardshnukar bei 240 Grad und den Snaefellsjökul bei 360 Grad. Das war zu elegant, um Zufall zu sein. Die Berge dort waren unsertwegen dort.

Unsere Grübeleien gingen weiter. In einem Geschichtsbuch gab es ein Bild von Kleopatra, sie sah dir im Profil verblüffend ähnlich, wir stellten uns vor, der Keilir wäre deine Pyramide. Schön und aus einem Guß wie du, schwarz wie das weiche Dreieck unter deinem Nabel.

Ich war die Moskardshnukar. Sie bestehen aus hellem Gestein, und es sieht aus, als wäre dort immer Sonne, und seltsamerweise *ist* dort oft Sonne, auch wenn es rundherum neblig ist, auch wenn Wolkenbänke über der Esja liegen, dann dringen doch Strahlen hinunter zu den Gipfeln. Ich war so, das Haar hellgelb wie Liparit, ich war optimistisch und gutmütig, und deswegen war es immer ziemlich hell um mich herum, so als stünde ich in der Sonne. Aber ich war wankelmütig, dreigespalten wie die Gipfel.

Und dann war da der Snaefellsjökul, er war die Liebe auf diesem Kreis.

Als wir ein anderes Mal an einem 9. August nach Grotta hinausfuhren, war Ebbe, also gingen wir über die Landenge und sahen zu, wie die Sonne um 22.03 Uhr im Gletscher versank, als wir aber zurück an Land wollten, war die Flut gekommen. Wir klopften an das Haus, aber da war niemand, also waren wir allein auf dieser Welt, und niemand konnte uns überraschen, und niemand außer den Küstenseeschwalben konnte uns sehen, als wir uns alle Kleider auszogen und uns mit den Zehen im Gras unter dem Leuchtturm küßten.

Im Mittelpunkt des Kreises liefen die Berge zusammen.

Der Gletscher war die Liebe auf einem vollkommenen Kreis. Dieses Wunder war in unseren Gedanken selbstverständlich ein Gesetz und offensichtlich wahr. Es war das Weltbild, das niemand anzweifelte. Neulich aber fiel mir eine Landkarte in die Hände, und da erinnerte ich mich daran, und ich hatte die Idee, auf der Karte einen Kreis zu zeichnen und zu sehen, ob wir richtig gerechnet hatten. Das Unglaubliche war, daß die Moskardshnukar und der Keilir genau auf einem Kreis mit dem Mittelpunkt in Grotta lagen, aber dann kam die Reihe an den Snaefellsjökul. Er lag weit außerhalb des Kreises, irgendwo am Arsch der Welt, und dort, wo er hätte sein sollen, war: *Nichts.*

Und ich war am Rätseln, ob das am Ende bloß eine Sinnestäuschung gewesen war. Ob diese Mischung aus Freundschaft, Verknalltsein, Spannung, Entdecken, Berühren, Lachen, Jugend, Vertrauen und Küssen etwas anderes gewesen war, als wir glaubten. Vielleicht hält die Liebe es nicht aus, bewiesen und berechnet zu werden. Dann weicht sie zurück wie der Gletscher.

All diese Grübeleien verwirrten mich etwas, und es war mir, als hätte ich kein Recht dazu, allein dort im Mittelpunkt des Kreises herumzuhängen. Vor allem nicht in der Nacht, nachdem ich dich um den Augenblick 22.03 Uhr betrogen hatte. Die Antwort mußte auf den gelben Gipfeln bei 240 Grad zu finden sein. Ich schloß das Fahrrad an und telefonierte nach einem Taxi.

Es war ein weißer Mercedes, der mich hierher brachte. Der Taxifahrer versuchte, fröhlich zu sein, und redete schön über das Leben. Er muß gesehen haben, wie schwermütig ich war und wie schutzlos auf dieser Halbinsel, ringsum von Meer umgeben. Ich bat ihn, die Saebraut entlang zu fahren, denn es erschien mir schwer, den Keilir ansehen zu müssen. Als das Auto an der schwarzen Notenbank vorbeisauste, mit den Öltanks auf Örfirisey zur Linken, und die Moskardshnukar im Osten auftauchten, da wußte ich, was ich dort oben zu tun hatte. Dort würde ich ein neues *Wort* finden.

Wenn die Notenbank oder Geldfälscher anfangen würden, im großen Stil Kronen zu drucken und diese ins ökonomische System zu pumpen, dann würde es ganz schnell zu einer verheerenden Inflation kommen, der Kurs der Krone würde fallen, und vorn würde man einen Haufen Nullen anfügen. Man würde einen Geldtank brauchen und müßte die Kronen in Schubkarren schaufeln, um sich auch nur einen einzigen Schmalzkrapfen kaufen zu können.

Dasselbe gilt für Worte. Der Kurs der teuersten Worte einer Sprache geht nach unten, und vorn wird Null angefügt. Sätze wie *ich liebe dich* verlieren ihren Wert und bewegen sich langsam und stetig in Richtung Phrasen, so wie *I love you*, das schon lange alle Bedeutung eingebüßt hat. *I love you* bedeutet nicht viel mehr als *ich kann dich einigermaßen gut leiden* oder ebensogut *tschüß* und oft *überhaupt nichts.* Jedes Jahr wenn der Valentinstag mit Puderzucker und Sahne vermarktet wird, jedesmal wenn man jemanden so sehr liebt, daß man ihm sein letztes Rolo-Toffee schenkt, jedesmal wenn es beim Erscheinen des neuen Toyota Corolla Liebe auf den ersten Blick ist und man Eis liebt, jedesmal wenn über die Liebe gesungen wird, ohne daß Liebe im Spiel ist, dann werden vorn Nullen angefügt, und der Kurs fällt, und die Menschen brauchen ständig mehr und größere Adjektive, um die Nullen zu kompensieren. *Ich liebe dich* wird weiter und weiter nach unten gezogen, und viele benutzen das Wort im Spaß, und Teenager beginnen, das Wort beim ersten Date zu verpulvern, und die Menschen beginnen, *ich liebe Pizza* auf T-Shirts zu drucken, und schließlich endet es als ein Klischee, das man für wirklich niemanden mehr benutzen kann. Aber wie soll man seine tiefsten Gefühle in Worte fassen, wenn das Wort selbst bedeutungslos wird? Wenn das Wort schließlich aus der direkten Verbindung mit dem Herzen herausgerissen ist und nun in Verbindung mit einem Plastikherzen und einem Schokoladenherzen und Kitsch und anderen derartigen Scheußlichkeiten steht?

Ich erinnere mich noch an einen Aufsatz, den ich in der Grundschule abgegeben habe. Als ich ihn zurückbekam, war ein PRIMA daruntergestempelt. Ich widersprach diesem Urteil. Wie der Lehrer es auch versuchte, und obwohl er mir Smilys danebenstempelte, war ich mit diesem Wort nicht einverstanden. *Prima* schien mir gleichbedeutend mit *einigermaßen.* Der Lehrer versuchte, mich mit veralteter Münze zu bezahlen. *0,0000prima.*

Und statt dessen kommen immer neue Wörter: *sehr gut, wunderbar, super, irre.*

Aber was tun wir mit *ich liebe dich*, wenn es *prima, einigermaßen, I love you* wird? Dann bleibt dem Herzen nichts anderes übrig, als veraltete Münze zu benutzen. *Ich 0,0000000liebe dich.* Was kommt statt dessen?

Eine Regierung, welche die Notenbank die Krone ruinieren ließe, würde abgesetzt werden, und Geldfälscher würden zu langer Haft verurteilt, aber anscheinend wird denen kein Härchen gekrümmt, die die wichtigen Worte abwerten, welche immer so bedeutungsschwer gewesen sind, daß manche sie niemals über die Lippen brachten. Großmütter sagen die Worte selten, aber sie schimmern durch alles, was sie tun und sagen. Und wenn man sie schließlich hört, dann erinnert man sich ein ganzes Leben lang daran.

Wenn Worte ihren Wert verlieren, dann wird das Gehirn müde, alles, was eine Rolle spielt, wird irgendwie lau und schlaff. Aber wer soll auf die Worte aufpassen? Erhebt sich denn keiner, die Liebe zu beschützen?

Es wäre natürlich total toll, die Schuld der Autoreklame, den Rolo-Toffees und den Radioschnulzen in die Schuhe zu schieben. Es wäre gut, diese Bande für alle verfälschten und bis zum

Klischee abgegriffenen Verben, die sie in Umlauf gebracht haben, bezahlen zu lassen. Worte, die Zuneigung bezeichnen sollten und ganz wie *lieben* klangen, aber trotzdem keinen Wert besitzen. Wenn man sie gegen das Licht hält, sieht man, daß die Worte ein falsches Wasserzeichen haben, es erscheint nicht eine Träne wie von Zauberhand, sondern lediglich ein Dollarzeichen.

Ich weiß sehr gut, daß ich dabei bin, mir einen Sündenbock zu suchen, natürlich zerstören sie die Worte, aber ich bin selbst schuld: Ich selbst habe das Wort lieben auf gefälschtes Papier gedruckt und es entwertet. Und ich brenne. Mein Herz ist mit kaltem Kupfer überzogen.

lieben lieben

Es war ein großer Entschluß, zum ersten Mal *ich liebe dich* zu sagen. Ich versuchte, es zu unterdrücken, als ich es kommen spürte. Aber das Wort bahnte sich seinen Weg, und es kam von ganzem Herzen. Es war seltsam, so starke Gefühle zu fühlen und dich im Arm zu halten und alles, was in mir vorging, mit nur einem einzigen Wort zu beschreiben. Und ich weinte, als du mit gleicher Münze antwortetest.

Es war so gut, dieses Wort im Mund zu führen, *lieben*, es ist glatt und zappelt wie ein Fisch, und man spürt den Strom, wenn es durch Adern und Nerven schwimmt und sie weitet, und dann läßt man es in dein Ohr schlüpfen, und es schwimmt durch das Gehirn, und offensichtlich kitzelt es, denn du lachst und schlingst deine Schenkel um mich.

Trotzdem war es am schönsten, wenn du das Wort in deinen Augen verwahrtest. Dann war es blau.

Das Wort färbt ab, ist wie eine rote Socke in der Weißwäsche.

Einmal, als Freunde bei uns zum Essen waren, begann ich mich ein bißchen über den Frauentag und den Valentinstag aufzuregen. Dieses Komplott von Blumenproduzenten, um den rührseligen Leuten Blumen zu verkaufen, den Leuten, die zur Eröffnungsfeier von Ikea fuhren, den Leuten, die sich aus reiner Langeweile am Wochenende ins Einkaufszentrum Kringla locken lassen, weil sie nicht genug Phantasie für ein ordentliches Hobby haben. Ich sagte, ich würde meinen Gefühlen folgen und nicht der Blumenreklame, aber da fragtest du, wann ich dir das letzte Mal Blumen geschenkt hätte. Ich war mir nicht sicher, aber du wußtest es ganz genau.

Ich war gerade mit den Jungs aus dem Kino gekommen, und wegen irgendeiner Sache, an die ich mich nicht mehr erinnere, herrschte eine eher kühle Stimmung zwischen uns, aber trotzdem machten wir es, eigentlich ohne uns vorher zu küssen, und kurz bevor ich kam, sagte ich: *ich liebe dich*, aber als ich fertig war, war ich mir nicht mehr so sicher, und du sagtest, ich würde das nur sagen, wenn wir es machten, und du drehtest dich auf die andere Seite, und ich sagte *hör auf mit dem Quatsch, du weißt, daß ich dich liebe*, aber eigentlich war ich noch unsicherer.

Danach konnte ich kein schönes Wort zu dir sagen, ohne dem Wort zu begegnen, das du in den Augen verwahrtest, und in ihnen las ich, was du nicht sagtest: *Heuchler.* Und die Augen waren grau, und alles, was ich sagte, wurde so inflationär, daß die Nullen sich vor allen wichtigen Worten auftürmten wie Luftblasen oder Sauerstoffatome, und dieser Sauerstoff gelangte in die Blutbahn und verursachte einen tödlichen Stich ins Herz, jedesmal wenn ich versuchte, sie zu benutzen.

Ich war es, der das Wort entwertete, ich schaltete es am Herzen vorbei. Ich zweifelte an uns in einer schwierigen Zeit, wagte es aber nicht, aufrichtig zu sein. Du hattest überhaupt keine Zweifel und spartest nicht mit dem Wort, und ich antwortete genauso, um dich nicht zu verletzen. Ich spürte, wie es unter den Nullen brannte. Bald renkte sich alles wieder ein, und ich liebte dich wie nie zuvor. Aber die Nullen verschwanden nicht. Immer wenn ich *lieben* sagte, dann waren die heuchlerischen Male mit dabei. Da begann ich, deine Worte zu benutzen, die mehr wert und sicherer waren, ich vermied, mein eigenes Wort zu benutzen, antwortete lieber: *ich dich auch* oder einfach *gleichfalls*.

Ich hatte das Wort kaputtgemacht. Ich besaß kein Wort, das so stark war, daß es uns beide umfaßt hätte. Und ich spürte, daß ich nicht leben konnte mit einem unbrauchbaren Wort wie mit einer Geschwulst am Herzen. Ich muß ein neues finden, das alte Wort wegschneiden und das neue direkt anschließen, nur dann werde ich gesund. Und es muß ein Wort sein, das keiner in der Autoreklame verwenden wird, und niemals darf es zum Valentinstag auf einen Aufkleber gedruckt werden. Es darf nur zwischen uns sein.

Im Anfang war das Verb: *lieben*, es war vor mir da, und um das Wort herum ist das Herz geworden, das keimte, und da wurde ein Gehirn, das grün war wie eine Schildkröte, und um sie herum wuchs ein Panzer, der ist mein Gesicht.

Das Auto trug mich die Landstraße entlang, die hinauf in den Mosfellsbezirk führt. Dann bog es ab und schepperte auf einer Schotterpiste an einigen Sommerhäuschen vorbei, ehe es auf einem Hügel anhielt, oberhalb eines Rinnsals, das unter einer alten Fußgängerbrücke dahinfloß.

»Ist was nicht in Ordnung, Freund?« fragte der Taxifahrer und drehte sich um.

»Nein.«

»Was hast du vor?«

»Nur rauf auf den Gipfel«, sagte ich.

»Ist was nicht in Ordnung?« fragte er.

»Nein.«

»Geht es dir schlecht?« fragte er.

»Ziemlich«, sagte ich und zahlte.

»Hast du etwa irgendwas vor?« fragte er.

»Was denn?« fragte ich.

»Nur so«, sagte er.

»Nicht, wenn ich das *Wort* finde«, sagte ich.

»Was für ein Wort?« fragte er.

»Ein neues Wort, das die Welt umfaßt.«

Ich ging den Weg hinunter zum Bach. Ich kümmerte mich nicht um die Brücke, sondern hüpfte von Stein zu Stein hinüber ans andere Ufer. Der Taxifahrer zögerte, und das Auto brummte im Leerlauf, bis ich hörte, wie der Motor es ganz langsam davonzog.

Die Gipfel zeichneten sich wie echte Kinderberge gegen den Himmel ab, und sie waren gelb wie die Sonne, und das Gras, das bis zur Hangmitte wuchs, war grün. Ich überlegte, ob es möglich wäre, Berge zu lieben. Und wenn es möglich ist, einen Berg zu lieben, dann müßte es möglich sein, einen Hügel zu lieben und einen Grashöcker und sogar einen Stein. Das müßte dann ein schöner Stein sein.

Es ist nicht selbstverständlich, daß das Wort *lieben* schön klingt, daß die Lautkombination *l-en* etwas ist, was eher als anderes das Herz berührt. Ich sage es schnell und oft:

lieben lieben lieben lieben lieben lieben lügen

lügen

Das Wort, das ich suche, hat nichts mit lügen zu tun.

Lilja hieß das Mädchen, das ich nach dem Atomkrieg treffen wollte. Sie war wunderbar, und ich schmiegte mich nachts an die Wand oder knautschte mein Bettzeug und umarmte sie, sagte aber niemandem etwas davon, bis ich nicht mehr konnte und mich in einem Abstellraum versteckte, mit einem roten Filzstift und meinem Schulranzen – der hatte hinter einer losen Klappe ein weißes Stück Plastik, und dort ließ ich alle Worte hinaus, die ausbrechen wollten.

Dieser Ausbruch muß in dem neuen Wort enthalten sein, denn die Liebe ist kindlich und rein.

Sie war ein Jahr jünger und unglaublich schön, und sie hatte einen roten Hund. Und mehrmals am Tag ging ich an ihrem Haus vorbei, in der Hoffnung zu sehen, wie sie sich am Küchenfenster zeigte, und eines Tages begegnete ich dem roten Hund auf dem Weg heim vom Turnen. Ich zögerte nicht lange, sondern ergriff die Chance und lief ihm durch das ganze Ellidaartal nach, und ich zerrte ihn heim zu ihr und klingelte an der Tür, aber das erste, was ich von drinnen hörte, war das Bellen des roten Hundes, und da wurde auch ich rot.

Dieses Gefühl muß in dem neuen Wort enthalten sein, denn die Liebe ist pubertär und dumm.

Auf dem Weg zur Schule nahm ich eine Abkürzung über eine Wiese, und das Gras war von Rauhreif überzogen, denn es war Herbst. Da bemerkte ich unweit von mir kleine Erhöhungen. Als ich näher kam, sah ich, daß es ein Schwarm schlafender Goldregenpfeifer war, und sie waren überall um mich herum, hatten die Köpfe unter ihren Flügeln, und ich stand da eine Weile und wußte, daß dies Lebenszweck genug war: durch einen Schwarm schlafender Goldregenpfeifer gegangen zu sein.

In dem neuen Wort müssen jede Menge schlafender Goldregenpfeifer enthalten sein.

Aber vor allen Dingen mußt du einen Platz in diesem Wort haben. Jede einzelne Erinnerung an dich und jedes einzelne Wort, das zwischen uns gefallen ist, müssen dort sein. Das Wort sollte blau sein, wenn es in unseren Augen schwimmt, und es sollte jedesmal im Gehirn kitzeln, wenn wir es hinauslassen. Es sollte jeden Kuß und jede einzelne Berührung verwahren, und es sollte mit uns wachsen. Das Wort sollte auf unsere Zukunft abfärben wie eine rote Quaste in der Weißwäsche.

Ich kletterte hinauf, höher als das Heidekraut und höher als das Gras, höher als Moos und Erde und Kies, ich kroch gelbe Geröllhaufen hinauf, bis ich den Gipfel erreichte. Das war ein richtiger Gipfel. Dahinter lag ein Tal mit einem Bach, der sich schlängelte, und ich beschloß, wenn ich das Wort nicht finden würde, in dieses Tal hinunter zu gehen und über den nächsten Berg und hinter diesem Berg zu verschwinden.

Ich lege mich auf den Rücken und sehe nichts als Blau, und ich höre nichts als Wind. Ich schließe die Augen und halte mir die

Ohren zu und höre auf zu atmen. Ich lausche dem Knirschen im Uhrwerk, das meinen Körper antreibt, und da höre ich das *Wort*. Und ich probiere es am Herzen aus, und es paßt so gut, daß ich das Gefühl habe zu zerspringen. Dieses Wort ist so groß, daß es alles verschlingt, was ich sehe. Wie ein leeres Blatt, auf das ein Kind malt:

Sonne
Wolke
Berg
Wasserfall
Vogel
See
Feuer

Dieses Wort ist so einfach und schön, daß es scheint, als sei es schon immer im Herzen gewesen. Und ich spüre, daß ich das *Wort* sagen muß. Ich muß es dir sagen, wenn ich heimkomme.

Übersetzt von Viola Lensch

Álfrún Gunnlaugsdóttir

Variation I

– Du lieber Gott. Wie sieht das Kind denn aus?

Das Mädchen umklammerte die Hand seiner Mutter fester.

Erst jetzt bemerkte sie, wie ihr Handgelenk brannte und wie ihr die Stirn und die Wange schmerzten.

Der Handrücken war blutig.

– Was ist passiert? rief die Frau.

Mutter schloß die Tür hinter ihnen, drehte den Schlüssel um. Dann nahm sie das Mädchen an der Hand, und sie gingen los. In der anderen Hand hatte sie einen leeren Wassereimer. Der Eimer schwang bei jedem Schritt, und der Henkel quietschte. Das Mädchen mochte dieses Quietschen. Es folgte ihnen immer hinaus zum Brunnen, und dann schwieg der Eimer auf dem Rückweg. Es machte Spaß, hinaus zum Brunnen zu gehen, besonders morgens.

So wie heute.

Die Sonne schien so groß zu sein. Sie erinnerte an das flammende Ungeheuer, das im Frühjahr vom Himmel heruntergestürzt war. Das war sehr lustig gewesen.

Die Leute begannen zu laufen. Es war so spannend, mit all den Leuten zu laufen. Und es war so schön, dieses flammende Ding, das herunterfiel.

Sie versuchte, sich durch die Menschenmenge zu drängeln, um etwas zu sehen, aber jemand schubste sie und sagte: Geh weg! Und auf einmal war es nicht mehr lustig. Sie bekam Angst. Und dann kam Mutter und nahm sie in die Arme und begann, von Soldaten und einem Flugzeug zu erzählen.

Das Mädchen vergaß diesen Tag nicht. Vergaß die Freude nicht.

Kurz darauf zogen sie aus der Stadt weg und hinaus ins Sommerhaus. Sie wohnten viel zu nahe an den Soldatenbaracken, sagte Vater, wenn die Deutschen einen Luftangriff flögen. Draußen auf dem Land würden sie sicherer sein.

Sie waren die Anhöhe hinunter gekommen und folgten dem Weg. Jetzt quietschte der Eimer nicht mehr so oft. Wo waren die Goldregenpfeifer? Kein Vogel war so lustig und schön wie der Goldregenpfeifer.

Der Brunnen lag in einer Senke zwischen den Grashöckern, und dem Mädchen erschien es seltsam, daß Mutter den Weg dorthin fand. Selbst hätte sie es nicht gekonnt.

Mutter tauchte den Eimer ins Wasser und stellte ihn auf einen flachen Stein am Brunnenrand. Dann strich sie sich mit der Hand über die Stirn und sah sich um.

Das Mädchen folgte ihrem Blick. Alles war wie gewöhnlich: der Weg, der Bach, die Grashöcker, das Sommerhaus und das rote Dach des Hauses, das weiter oben auf der Anhöhe stand.

Weit, weit weg schimmerte Wellblech. Das waren die Barakken, vor denen Vater Angst hatte.

Sie gingen denselben Weg zurück. Jetzt hörte man den Eimer nicht mehr. Aber man hörte einen Goldregenpfeifer. Über ihren Köpfen flog eine Möwe.

Vater sagte, daß Möwen sowohl häßlich als auch langweilig seien. Es sei richtig von den Soldaten, auf sie zu schießen. Sie müßten sowieso üben, um auf ihre Feinde schießen zu können. Sie folgte der Möwe mit den Augen.

Da erblickte sie den Mann.

Zuerst sah sie nur den Kopf und die Mütze. Dann tauchte er ganz auf. Er schien aus dem Boden zu wachsen.

Mutter wurde schneller, und das Mädchen wäre am liebsten weggelaufen, aber sie wollte Mutter nicht verlassen. Der Mann erreichte sie.

Er sagte etwas Unverständliches, und Mutter schüttelte den Kopf und sagte – ich verstehe nicht. Da nahm er ein Päckchen Schokolade aus seiner Tasche und wollte es dem Mädchen reichen. Mutter schüttelte den Kopf, und das Mädchen wagte nicht, etwas anderes als das gleiche zu tun.

Da murmelte der Mann etwas und schickte sich an, Mutter den Eimer abzunehmen. Aber sie schüttelte den Kopf. Das Mädchen wurde unruhig.

Was hatte das zu bedeuten? Sie spürte, wie Mutters Hand ihre Hand immer wieder fest drückte.

Das Mädchen wollte weg. Davonlaufen.

Sie versuchte, Mutters Gesicht zu sehen. Mutter starrte vor sich hin und preßte die Lippen zusammen. Ihr Gesichtsausdruck war hart.

Es war schwieriger, das Gesicht des Mannes zu sehen, weil er gebeugt ging. Er hatte ein häßliches Kinn. Aber die Knöpfe an seiner Kleidung waren schön. Dann trat er ihnen in den Weg und ging vor ihnen her. Da sah sie es.

Das Gewehr.

Ein langes Gewehr schräg über seinem Rücken.

Sie starrte es wie gebannt an. Sie spürte, wie ihr Herz anfing, schneller zu schlagen. Während des restlichen Weges konnte sie die Augen nicht von dem Gewehr abwenden.

Kurz vor dem Sommerhaus drehte sich der Mann plötzlich um, breitete seine Arme aus und lachte.

Wollte er es ihnen nicht erlauben, zum Haus zu kommen?

Mutter stellte den Eimer ab, hob die Hand und zeigte hinunter auf den Weg. Pack dich fort!

Das Mädchen kannte diese Stimme nicht. Das war nicht die Stimme ihrer Mutter.

Der Mann hörte auf zu lachen, und sein Gesicht wurde seltsam. Böse. Er zögerte; und ging langsam weg. Als er ein Sück weit gegangen war, hielt er an und schaute hinunter auf den Weg.

Mutter lief zur Tür und fingerte in der Schürzentasche herum. Es war, als würde sie den Schlüssel nie ins Schlüsselloch bekommen.

Dann stieß sie die Tür auf, schob das Mädchen vor sich hinein und schloß hinter ihnen ab. Sie lehnte den Kopf an die Wand im Flur und preßte die eine Hand vor den Mund.

Schweigen. Atmen. Man hörte nichts außer Atmen. Dann begann sie zu husten. Warum hustete Mutter so?

Das Mädchen rannte zur Haustür. Sie drückte das Gesicht an die Scheibe. Wo war der Mann?

Aber der Mann stand immer noch an der gleichen Stelle und schaute hinunter auf den Weg. Dann sah er langsam über die Schulter, setzte sich hin und begann, etwas in seinen Taschen zu suchen. Er nahm eine Zigarette heraus, drehte sich um und fuhr fort, auf den Weg zu schauen, als ob er wartete. Er wandte dem Haus den Rücken zu. Worauf wartete er?

Sie starrte auf seinen Rücken.

Auf das Gewehr.

Es schien, als ob ihr Herz wüchse und wüchse. Bis hinauf in den Hals. In die Arme hinaus. Und in die Beine ...

Mutter schob sie zur Seite und sah durch die Scheibe in der Tür. Dann packte sie das Handgelenk des Mädchens, öffnete die Tür und stieß sie hinaus.

Sie rannten los. Das Mädchen hielt Mutters Hand ganz fest und lief, so schnell sie konnte.

Sie glitt auf einem Grashöcker aus, sie stieß mit dem Fuß an einen Stein und stolperte.

Es wurde an ihrem Arm gezerrt.

Das Gewehr.

Er hatte bestimmt vor zu schießen.

Sie lief.

Vielleicht war er ihnen auf den Fersen.

Sie fiel hin.

Eine starke Hand zerrte sie auf die Füße.

Das Gewehr.

Sie blieben stehen. Dort war ein Stacheldrahtzaun. Das Mädchen warf sich hin. Mutter stieg über den Zaun. Als sie auf der anderen Seite hinunterkletterte, war ein leises Zischen zu hören. Das Kleid war zerrissen. Das Mädchen kniete auf der Erde und streckte die Hände aus. Mutter, ich kann nicht, geh' nicht...

Sie wurde an der einen Hand gepackt und gezogen.

Das Mädchen versuchte, sich zwischen den Drähten hindurch zu zwängen, aber sie waren dicht gespannt.

Kam er?

Sie stemmte sich dagegen.

Das Gewehr.

Die Stacheln drückten sich in den Handrücken, in die Stirn.

Vielleicht hatte er sie schon eingeholt.

Die Stacheln waren im Bauch, in den Schenkeln.

Aber sie spürte den Schmerz nicht.

Sie liefen in den Bach. Sie konnte das Haus mit dem roten Dach sehen. Sie rutschten auf den glatten Steinen aus. Eine Frau hängte Wäsche auf die Leine. Und es gelang ihnen, die Uferböschung hinaufzuklettern ohne zu fallen. Sie drückte Mutters Hand fester, als die Frau ihnen entgegen gelaufen kam und rief...

Übersetzt von Tanja Witzgall

Álfrún Gunnlaugsdóttir

Variation IV

Sie lehnte sich über das Geländer der Galerie und schaute hinunter auf die Köpfe der Studenten, die durch die große Flügeltür in den Hof der Universität strömten. Sie waren entschlossen in ihrem Auftreten, unterhielten sich und lachten. Es müßte Spaß machen, sich dieser Gruppe anzuschließen. Die Köpfe wurden immer mehr und dichter und erinnerten schließlich an einen reißenden Fluß. Sie sah nicht in den Hof hinein. Wie würde es dort jetzt wohl aussehen? Dieser Strom verfügte über eine eigenartige Anziehungskraft; lockte sie zu sich. Sollte sie es wagen? In ihren Ohren schallten die Warnungen der Verwandten.

– Denk daran, daß du auf der Universität bist, um zu lernen, und nicht, um Politik zu machen. Denk daran. Sonst kann es dir schlecht ergehen.

Sie lief leichtfüßig die Treppe hinunter und drückte die Bücher an sich. An der Flügeltür hielt sie inne und zögerte. Dann drehte sie sich um und ließ sich vom Strom mitreißen.

Im Hof saß einer neben dem anderen auf der Erde, und schließlich gelang es ihr, einen Platz zu finden. Sie sah sich um. Es waren ein Mikrofon und Lautsprecher aufgestellt worden. Aber sie sah nirgends ein bekanntes Gesicht. Leider. Sie holte tief Luft. Das mußte doch in Ordnung sein, sie durfte keine Angst haben.

Der Hof war von leisem und ständigem Stimmengewirr erfüllt. Die Leute, die Reden halten sollten, standen um das Mikrofon und hatten Blätter in den Händen. Wollten sie nicht anfangen, die Versammlung zu eröffnen? Die Luft war voller Erwartung. Der Anlaß für die Versammlung war jedoch nicht wichtig. Es sollte der Geburtstag der Universität gefeiert werden, ihre Geschichte skizziert und allgemein ihre Rolle erörtert werden. Danach sollten einige Vorschläge unterbreitet werden. So lautete die Einladung, die ihr gestern in der Unterrichtsstunde zugeflüstert worden war.

Woher kam dieses Rauschen? Viele sahen sich unruhig um. Aber es war nur das Mikrofon eingestellt worden. Endlich wurde die Versammlung eröffnet.

Der, der über die Geschichte der Universität sprechen sollte, begann seine Rede. Dies war eine lange Rede, zum größten Teil eine Aufzählung wohlbekannter Männer. Wenige schienen zuzuhören, obwohl sie still waren. Aber als man sich dem Bürgerkrieg näherte, erwachten die Zuhörer zum Leben. Sie ebenfalls. Sie warteten gespannt. Die Augen aller richteten sich auf den Redner. Seine Stimme wurde stärker und entschlossener.

– ... im Zeitraum von 1936–9. Im Februar 1936, als unsere Volksfront in Spanien ...

Ein Brüllen ertönte. Es kam aus einem Megaphon. Dem Redner wurde befohlen zu schweigen. Die Versammlungsteilnehmer blickten alle gleichzeitig in die Richtung, aus der die Stimme kam. Oben auf der Mauer, die den Hof umgab, thronte eine Uniform der bewaffneten Polizei. In ihr steckte ein dicker Mann. Ein Polizeioffizier. Er setzte das Megaphon wieder an den Mund.

– Ihr bekommt zehn Minuten, um den Ort zu verlassen.

– Wir haben vom Dekan die Erlaubnis bekommen, rief der Redner in den Lautsprecher.

Stimmengewirr ging durch den Garten.

– Halt's Maul!

– Fahr zur Hölle!

Der Polizeioffizier wiederholte den Befehl mit der gleichen Vehemenz wie zuvor.

Die Leute begannen sich zu erheben und begaben sich auf den Weg in Richtung der großen Flügeltür. Niemand beeilte sich, niemand drängelte. Irgendwer begann, Gaudeamus igitur zu singen. Gelächter erschallte, und viele stimmten aus vollem Halse ein.

Außerhalb des Universitätsgebäudes wartete eine riesige Truppe bewaffneter Polizisten. Das Signal wurde gegeben. Die Polizisten gingen los. Sie benutzten die Ellenbogen. Es hagelte Ellenbogenstöße. Rufe. Stöhnen. Geschrei.

Sie bekam einen Stoß in den Magen.

– Vorwärts mit dir, fort mit dir! Es ist verboten, hier zu stehen, brüllte der Polizist. Sein Gesicht war verzerrt.

Sie war zornig geworden, versuchte aber, Ruhe zu bewahren; es sollte ihm nicht gelingen, sie zu reizen.

– Faß' mich nicht an, sagte sie zwischen zusammengebissenen Zähnen.

Trotz des Gedränges gelangte sie über die Straße und hielt auf dem Bürgersteig gegenüber der Universität inne. Weiter oben in der Straße sah sie Polizisten auf Pferden; sie waren bereit, sie laufen zu lassen, wenn es nötig wäre. Wegen der Menschenmenge sah sie sie undeutlich, aber sie wußte, daß sie ellenlange Peitschen hatten. Sie hatte einmal zuhause gesehen, wie sie in ein Menschengedränge hineinritten. Es war lebensgefährlich, einen Schlag abzubekommen.

Ihre Wangen glühten. Die Studenten schienen alle herausgekommen zu sein. Aber sie waren nicht bereit, wegzugehen. Das Menschenmeer wogte hin und her.

Plötzlich tauchten drei Polizisten im Eingang der Universität auf und gingen die Stufen hinunter. Die Flügeltür wurde hinter ihnen geschlossen. Einer von ihnen war der dicke Polizeioffizier. Er ging in der Mitte.

Es wurde applaudiert.

– Schaut euch die Helden an!

– Bestien!

– Hundesöhne!

Unzählige Knüppel sausten durch die Luft. Sie nahm die Beine in die Hand. Lief geradeaus die breite Straße entlang. Viele überholten sie, und doch war sie unter den Vordersten. Sie bildeten eine Art Vorhut. Der Verkehr hatte gestoppt. Die Passanten retteten sich.

Sie lief, als ob es um ihr Leben ginge. Schneller ... Wich einem Auto aus. Lauf schneller. Dieser Baum ... Noch schneller. Vorwärts. Lauf.

Aber die Vorhut begann langsamer zu gehen und hielt schließlich an. Was war los?

An der Straßenecke stand ein ratloser Polizist.

Alleine. So unglaublich es war.

Hatte er sich verlaufen?

Er starrte sie mit Angst in den Augen an.

Sie ballten die Fäuste und riefen Schimpfwörter. Sie spuckten. Es regnete Spucke auf seine Uniform. Sie sammelte all das Wasser im Mund, das sie besaß. Spie und spuckte. Ballte die Faust. Schrie.

Sie konnte sich vorstellen, wie sie auf ihn losgingen. Ihm die Mütze vom Kopf schleuderten. Ihm die Uniform vom Leib rissen. In Fetzen. Diese verdammte Uniform.

Ein Hieb.

Er würde sich an den Bauch greifen, auf die Knie sinken.

Noch ein Hieb.

Er würde umfallen.

Sie würde ihn in den Körper treten. Ins Gesicht. Fest. Der Schurke sollte sterben. Mit aller Kraft ins Gesicht.

Blut.

Du Teufel!

Mehr Blut!

– Sie kommen! rief jemand.

Die Knüppel waren unterwegs.

Sie lief weg. Lief. So schwierig. Ihr wurde schwindlig. Mußte sich retten. Konnte einen Hieb abbekommen. Der Kopf. Zurückschauen?

Auf keinen Fall. Mußte bei den anderen bleiben. Aus dem Gedränge hinaus. Wie? Nicht stehenbleiben. Nicht den anderen in den Weg laufen. Würde fallen und zertrampelt werden. Sich konzentrieren. Aufhören, geradeaus zu laufen. Sich schräg in Richtung der Häuser bewegen. Schräg vorwärts. Der Strom, der sie mit sich gerissen hatte.

Sie warf sich gegen eine Hauswand und stand dort eine Weile regungslos. Es wurde ihr schwarz vor den Augen. Die Menschenmenge strömte vorbei. Die Polizisten schienen von ihr aufgesogen worden zu sein. Sie rasten genauso blind vorwärts wie die anderen. Schlugen nach beiden Seiten. Niemand kümmerte sich um sie.

Sie bog um eine Ecke und machte sich auf den Weg die Seitenstraße hinunter, kam kaum voran vor Kraftlosigkeit. Da sah sie Tische und ein paar Stühle. Ein Café. Gott sei Dank! Sie ließ sich auf einen Stuhl fallen und saß eine Weile wie in Trance da.

Auf der Universität, um zu lernen?

Sonst könnte es dir schlecht ergehen?

– Einen Cognac, bitte. Egal welche Sorte.

Sie sah den Kellner nicht an und beachtete ihn auch nicht, als er ihr das Glas brachte. Sie schloß die Augen und kippte das Getränk in sich hinein. Dann stützte sie die Ellenbogen auf den Tisch und verbarg das Gesicht in den Händen.

Nichts würde so sein wie vorher.

Nein. Nichts.

Und wer war dieses Mädchen, das mit geballter Faust dastand und auf eine Uniform spuckte? Das andere mißhandelte, auch wenn es nur in Gedanken gewesen war?

Wer war sie?

Übersetzt von Tanja Witzgall

Frída Á. Sigurdardóttir

Der Sprung

›Fast wie in Trance nahm sie Anlauf...‹

»Helga.«

›...und flog über den Höllenschlund. Matthias...‹

»Helgaa.«

›...sah sie mitten im Sprung, und...‹

»Helga!« rief es wieder aus der Küche, und das Mädchen hörte an der Stimme, daß sie sich nicht länger widersetzen konnte. Sie machte das Buch wieder zu. So war es immer. Nie hatte man seinen Frieden.

»Helga, komm sofort.«

Das Mädchen stand zögerlich auf und murmelte: »Ich komm' schon«, während sie die Tür öffnete.

»Bist du denn taub, Kind?« sagte die Mutter laut, als sie sie in der Küchentür sah. »Ich habe dich – ich weiß nicht wie oft – gerufen, und du antwortest einfach nicht.«

»Hegga kommen«, sagte der kleine Bruder und lachte das Mädchen an.

Das Mädchen schaute Mama an, die dem kleinen Bruder gerade eine saubere Windel anzog, aber sie sah die beiden nicht. Sie war noch mit all ihren Gedanken bei Ronja, von der sie sich mitten im Sprung hatte trennen müssen.

»Ich habe gerade gelesen«, sagte sie schließlich.

»Ich weiß, daß du gerade gelesen hast«, sagte Mama ein bißchen freundlicher, »aber du brauchst trotzdem das Gehör nicht zu verlieren.« Sie nahm den kleinen Bruder hoch, trug ihn ins Wohnzimmer und setzte ihn dort auf den Boden. Dann wandte sie sich wieder dem Mädchen zu. »Ich muß schnell etwas einkaufen, du mußt solange für mich auf den kleinen Bruder aufpassen.« Sie räumte das Spielzeug auf dem Boden zusammen und legte alles neben den kleinen Bruder. Zuoberst auf dem Haufen lag die Stoffpuppe mit dem neuen Kopf, den Mama neulich angenäht hatte. Der kleine Bruder griff nach ihr, legte sie an seine Wange und sagte: »Aaaah.« Dann fing er an, ihr etwas vorzubrabbeln, was niemand verstand.

Das Mädchen schaute die Puppe an, die der kleine Bruder in den Händen hielt. Wie immer, wenn sie sie sah, fühlte sie eine unterdrückte Wut hervorbrechen. Das war ihre Puppe. Ihre.

»Aber du spielst nie mit ihr«, sagte Mama. »Warum darf der kleine Bruder sie nicht haben?« Und Papa sagte: »Ja, aber du hast doch schon lange aufgehört, selber mit ihr zu spielen, Helga.«

Als ob sie etwas davon wüßten. Es war ihre Puppe! Er hatte nicht das Recht, sie zu nehmen. Oma hatte sie ihr geschenkt, nicht ihm. Er zerriß und zerfledderte alles. Auch ihr Spielzeug. Und Mama erlaubte es ihm. Sie erlaubte ihm alles. Schimpfte ihn nie. Sie hörte sogar auf, in der Bank zu arbeiten. Nur für ihn, diesen Jungen.

»Er versteht es noch nicht, Helga«, sagte Mama immer. »Er wollte ihren Kopf nicht kaputt machen. Es war keine Absicht.«

Das Mädchen schaute die Puppe und den kleinen Bruder trotzig an. Ohne Absicht. Er tat alles ohne Absicht. Und sie sollte ihm immer alles vergeben, was er machte, nur weil sie älter war.

»Du bist schon so groß«, sagte Mama.

»Unser großes Mädchen«, sagte Papa.

»Kleiner Mann«, sagte er und warf den kleinen Bruder hoch in die Luft. Und der kleine Bruder lachte und lachte und hielt sich ganz fest an seinem Haar. »Mein kleiner Mann.«

Das Mädchen schaute sich blitzschnell um. Mama war hinausgegangen. Sie stieß fest mit dem Fuß gegen die Puppe, während sie am kleinen Bruder vorbeiging. Die Puppe flog aus seinen Händen mitten auf den Boden, und er fing an zu heulen. Er heulte ständig.

»Gib ihm die Puppe, Helga«, rief Mama aus der Küche.

Das Mädchen beförderte die Puppe mit einem schnellen Tritt unter den Couchtisch.

»Helga.« Mama stand in der Küchentür und schaute abwechselnd sie und den kleinen Bruder an. Das Mädchen schaute trotzig zurück. »Nicht deinen Bruder ärgern, Helga«, sagte sie und versuchte zu lächeln. »Das ist böse.«

Das Mädchen antwortete nichts. Sie hob die Puppe langsam auf und ließ sie dann neben dem kleinen Bruder fallen, der rasend schnell auf sie zu gekrabbelt kam. Er hörte auf zu heulen und schnappte die Puppe und fing wieder an zu brabbeln. Er konnte nicht einmal sprechen.

Mama schaute schweigend zu. Dann drehte sie sich um, ging in die Küche, holte ein Handtuch und trocknete dem kleinen Bruder das Gesicht. Sagte überhaupt nichts.

Das Mädchen ging zum Wohnzimmerfenster und schaute hinunter. Hier oben sahen die Autos unten auf der Straße ganz klein aus, beinahe wie Spielzeugautos. Und die Leute wie Playmobilmännchen. Nur Puppen. Sie schielte zu Mama hinüber. Aber Mama schwieg noch immer. Es war so weit dort hinunter. Plötzlich mußte sie an die Frau in der Wohnung gegenüber denken. Sie dachte oft an sie. »Sie fiel hinunter«, sagte Mama. Aber das Mädchen wußte, daß sie nicht hinuntergefallen war. Das wußten alle Kinder. Sie roch immer nach Alkohol. Einmal bat sie sie, Zigaretten für sie holen zu gehen. Und schenkte ihr das Wechselgeld. Das Mädchen schloß die Augen. Es war so schrecklich weit dort hinunter.

»Helga?« Das Mädchen drehte sich um. Mama hatte sich den Mantel und die Winterstiefel angezogen. »Spiel ein bißchen mit ihm, Helga«, sagte sie, »bau etwas mit ihm aus den Klötzen, das macht euch doch Spaß.« Mama schaute sie an, als ob sie nach etwas fragen wollte. »Du paßt gut auf ihn auf für mich«, sagte sie, während sie nach ihrer Tasche griff. »Ich bin gleich wieder da.« Dann ging die Tür zu, und sie war weg.

»Mama, Mama«, schrie ihr der kleine Bruder mit weinerlicher Stimme nach. Er warf die Puppe von sich weg, zog sich an einem der Stühle hoch und wackelte in Richtung Tür. Nach einigen Schritten fiel er auf den Boden und fing an zu brüllen.

Das Mädchen hörte dem Gebrüll eine Weile zu. Sie schielte einige Male zu der Puppe hinüber, dann nahm sie langsam ein Auto aus dem Spielzeughaufen und ließ es zu ihm fahren. Aber er schaute es nicht an, sondern brüllte weiter und schrie: »Mama, Mama.« Sie ging zu ihm und zog ihn zum Spielzeug, fand seinen Schnuller und steckte ihn ihm in den Mund. »Schau mal, das Brumbrum«, sagte sie und reichte ihm einen kleinen

Lastwagen, aber er schlug nach ihm und schrie aus Leibeskräften.

Schließlich holte sie die große Bauklotzkiste, öffnete sie und schob sie zu ihm.

»Schau mal«, sagte sie. »Schau, Klötze. Sollen wir ein Haus bauen? Ein großes Haus?«

Der kleine Bruder schaute auf die Klötze, und das Weinen wurde zum Wimmern.

»So, hör auf zu heulen. Schau mal, wir bauen ein großes Haus mit einem großen Garten und vielen Bäumen. Gib mir solche Klötze zuerst.«

Sie begann, die Klötze aufzustellen. Zuerst ein großes Viereck für das Haus. Allmählich verstummte das Wimmern, und der kleine Bruder begann, in den Klötzen zu wühlen.

Eine Zeitlang vergaß sie sich beim Hausbau. Das Viereck wurde höher. Wurde zu einem ansehnlichen Haus mit vielen großen Fenstern und zwei Türen. Nun fehlte nur noch das Dach.

Der kleine Bruder wurde unruhig. Er wollte auch bauen.

»Laß sein«, sagte sie und stieß ihn weg.

»Laß das sein, hab' ich gesagt«, sagte sie wieder.

Aber er drängte sich zum Haus, stieß die Hände hinein; sie versuchte, es zu beschützen, aber er kroch an ihr vorbei, hörte nicht eher auf, bis alles zusammengefallen war.

»Gefallen«, sagte er und schaute die Verwüstung an.

»Schau, was du getan hast«, rief sie, indem sie aufsprang. »Immer mußt du alles kaputtmachen, du Blödmann. Du bist – abscheulich.«

»Baukotz«, sagte er und reichte ihr einen Bauklotz. »Hegga Baukotz...«

»Kotz selber«, zischte sie und trat in den Bauklotzhaufen, als sie in ihr Zimmer lief. Sie hob Ronja vom Boden auf und ging dann zurück ins Wohnzimmer. Sie hatte Bauchweh. Und außerdem war sie hungrig geworden. Mama hatte vergessen, ihr etwas zu trinken zu geben. Sie legte das Buch auf das Sofa und ging in die Küche, holte sich Orangensaft aus dem Kühlschrank und schenkte ihn in eines der feinen Gläser ein. Dann holte sie Schokoladenkekse im Schrank, reihte sie auf einen

Teller und stellte beides auf das schöne, geblümte Tablett. Das Glas wackelte auf dem Tablett, aber sie paßte auf, daß nichts verschüttet wurde. Sie wollte es sich in der Sofaecke mit Ronja gemütlich machen und ...

Im selben Moment stieß das Tablett gegen den Türpfosten, und der Orangensaft schwappte über die Kekse, über das ganze Tablett, bis hinunter auf den Boden. Sie stellte das Tablett ab, holte rasch einen Lappen, trocknete und trocknete, so schnell sie konnte, aber der Orangensaft lief vor dem Lappen davon, klebte an ihren Händen, klebte an allem. Sie warf den Lappen von sich, nahm das Tablett vom Boden und schaute die Kekse an, die im Fruchtsaft schwammen. Sie hätte am liebsten geheult. Dann nahm sie sich zusammen, trocknete sich die Hände und holte sich einen Apfel aus dem Kühlschrank.

Als sie wieder ins Wohnzimmer kam, war das Buch vom Sofa verschwunden. Sie richtete den Blick vom Sofa weg auf den kleinen Bruder. Der hielt einige zerrissene Papierblätter in der Hand.

»Da«, sagte er und streckte ihr die Blätter hin. »Da.«

Sie schoß auf ihn zu und entriß ihm das Buch.

»Was hast du getan?«

Drei, nein vier Seiten, fünf, sechs, alle zerrissen. Gerade da, wo sie gelesen hatte. Das Buch kaputt. Er hatte ihr Buch kaputtgemacht.

Sie packte seine Schultern und schüttelte ihn.

»Du – du ...«

Überall drängte er sich dazwischen – machte alles kaputt – ganz egal was. Sie wünschte, daß er tot wäre – alles, wie es vorher war, – kein kleiner Mann – kein ...

Beißende Ungeduld durchströmte sie wie ein Hungergefühl. Wollte sie zerplatzen lassen.

Der kleine Bruder grabschte nach ihren Haaren und lachte.

Ihre Hand hob sich blitzschnell.

Ihn schlagen – hauen – drängte sich überall dazwischen – machte kaputt – zu Brei schlagen ...

Ihre Hand senkte sich. Der kleine Bruder starrte sie an. Das Lachen war verstummt. Sie ließ ihn langsam los.

Der kleine Bruder krabbelte von ihr weg, so schnell er konnte. Sie blickte auf das zerfledderte Buch, schaute die weißen Schnipsel auf dem Boden an, dann blickte sie wieder auf. Er war jetzt an der Balkontür.

Plötzlich sah sie, daß die Balkontür einen Spalt weit offen war. Mama hatte vergessen, sie zu schließen. Seltsam, wo Mama immer Angst vor dem Balkon hatte. Wie in Trance sieht sie, wie er zur Tür krabbelt, sieht, wie er mit den plumpen Händchen dagegendrückt, sieht, wie sie sich öffnet, öffnet...

Ihre Blicke flattern wie gehetzte Tiere durch das Wohnzimmer. Halten bei dem Buch an.

Die weißen Schnipsel wirbeln auf dem Boden. Drehen sich in einem wilden Tanz.

Die Frau...

Sie fällt. Weit, weit hinunter in einen tiefen, schwarzen Brunnen. Fällt...

Die Frau im Brunnen winkt und lacht.

Dann setzte sie zum Sprung an. Sie flog über den Boden zum kleinen Bruder und ergriff ihn halb draußen auf dem Balkon, zog ihn wieder herein ins Wohnzimmer zum Spielzeughaufen, dann sank sie neben ihm nieder. Sie hatte schmerzhaftes Seitenstechen. Als ob sie lange, lange gelaufen wäre.

Plötzlich fing sie an zu weinen. Das Weinen wurde lauter und lauter. Der kleine Bruder starrte sie mit großen Augen an, dann verzog er das Gesicht und weinte laut mit.

Der Schmerz im Magen verschwand langsam. Das Mädchen wischte sich das Gesicht mit dem Handrücken ab. Warum weint der kleine Bruder? Sie blickt sich um. Direkt neben ihr liegt die Stoffpuppe. Sie schaut traurig. Als ob sie etwas Böses geträumt hätte. Das Mädchen zögerte einen Augenblick, dann langte sie nach der Puppe, schüttelte vorsichtig die Papierschnipsel von ihr ab und reichte sie dem kleinen Bruder.

»Hier«, sagte sie. »Nimm sie.«

Und im selben Augenblick öffnete Mama die Türe.

Übersetzt von Julia Dürr

Fríða Á. Sigurðardóttir

Morgengrauen

Plötzlich sitzt ein Vogel auf dem Balkongeländer. Ein winziges, graubraunes Knäuel mit ganz schmalen, weißen Streifen auf Schwanz und Flügeln. Ich sehe ihn auf dem Geländer hin und her stolzieren. Ab und zu hält er an und schaut nachdenklich zum Fenster herein. Die Augen sind braun mit einem sonderbaren, roten Glanz.

Einen Augenblick starren wir uns gegenseitig an, dann schaut er höflich weg und sieht einer Fliege nach, die vorbeifliegt.

Ich schaue noch einmal auf den Telefonhörer, den meine Hand umklammert.

Meine Söhne?

Mir wird warm im Gesicht bei dem Gedanken, und es ist, als ob ein schwarzes Feuer durch meine Eingeweide fährt. Einen Augenblick denke ich, daß ich mich übergeben muß, aber es ist nur bittere Galle, die mir im Hals hochkommt. Ich habe nichts mehr, was ich erbrechen könnte.

Nein.

Aber ich kann die kalten, klaren Gedanken, die dieser Nacht gehören, nicht zurückdrängen. Sie brechen hervor wie Steine in einer Lawine, die keiner aufhalten kann, erbarmungslos und unbändig. Und ich fühle die heiße Gewalt und den Zorn meiner Söhne, aber auch Scham, die sie nie kennen werden. Weil ich ihre Mutter bin, und wir haben nie über solche Dinge gesprochen – und sie sind Männer. Und in ihren Augen kommt ein unwillkürlicher Verdacht zum Vorschein …

Ich versuche, das Lächeln wegzudrängen, das ich über mein Gesicht schleichen fühle.

Meine Tochter?

Doch, ich könnte sie anrufen. Sie bitten zu kommen. Ich sehe sie vor mir, dort wo sie zusammengekauert mit ihrem Kissen im Arm schläft, wie als sie klein war. Höre schrilles Telefonklingeln hallen und sehe sie sich herumwälzen im großen Ehebett, das sie kaufte, als sie einzog.

»Was willst du mit einem so großen Bett?« fragte ich sie unruhig. Sie war erst 19 Jahre alt und hatte gerade mit der Krankenpflegeausbildung begonnen.

Oh, Mama, seufzte sie und ich hörte den altbekannten, genervten Ton in ihrer Stimme. – »Vielleicht will ich nur genug Platz haben«, sagte sie dann schelmisch und lächelte mich an. Das Lächeln von einer Frau zu einer anderen Frau. Ich errötete.

Nein, wahrscheinlich schläft sie nicht mehr mit ihrem Kissen im Arm. Aber welche Rolle spielt es?

Ich schaue ihr junges, weiches Gesicht im Halbschlaf an, während das Klingeln schrillt. Sehe, wie sich ihr Gesicht ändert, als sie meinen Worten zuhört. Wie es erwachsen und hart wird. Und ich weiß, daß sie kommen wird. Aber ich weiß auch, was sie sagen würde. Sie ist so entschlossen. So selbständig.

Letztes Jahr beschloß sie, von zu Hause auszuziehen. Sie sagte, daß es hier viel zu eng in der Wohnung sei, die ich kaufte, als das Haus verkauft wurde. Daß es für uns beide besser wäre, auf eigenen Füßen zu stehen. Und bevor ich es wußte, war sie weg. Sie sind alle so selbständig, meine Kinder. – Irgendwie ohne daß ich es bemerkte, waren sie plötzlich alle verschwunden, diese Kinder, die ich so lange gepflegt und umsorgt hatte. Sie entschwanden meinen Blicken, und an ihrer Stelle sah ich zwei junge Männer und eine Frau, die mich mit unbekannten Augen ansahen. Erwachsene Menschen, die ich nicht kannte. Die mich nicht mehr brauchten. Meine ehemaligen Kinder. Jung. Stark. –

Ja, ich weiß, was sie sagen würde. Für sie ist alles so einfach. Nein, das stimmt vielleicht nicht. Aber sie ist nie verwirrt oder ängstlich. Die Linien sind so klar. Sie weiß noch nicht, wie das alles ist. Sie ist so jung.

Mein Blick fällt auf das geöffnete Telefonbuch. Aber ich brauche es nicht. Ich kann die Nummern schon auswendig.

Notruf. Polizei. Auskunft.

Meine Hand umklammert den Telefonhörer fester. Ich setze mich aufrecht hin und lasse den Blick entschlossen über die

Nummern im Buch gleiten, und ich habe das Gefühl, daß sich eine schwarze, schwere Decke um mich wickelt. Schwarz und erstickend.

Eilig lege ich den Telefonhörer auf, schließe das Telefonbuch und schiebe es weg. Mich schaudert. Ich wickle den dicken Morgenmantel fester um mich und stecke die Hände tief in die Taschen. Zwei Nägel sind bis zum Ansatz abgebrochen. Ich will sie nicht sehen. Ich bin immer heimlich stolz darauf gewesen, was ich für schöne Hände und lange Nägel habe.

»Hast du keinen Widerstand geleistet?«

Und ich strecke die Hände aus und zeige zwei abgebrochene Nägel.

Wieder schleicht dieses seltsame Lächeln über mein Gesicht, und ich dränge es nicht mehr weg.

Es wird gerade hell draußen. Der Vogel sitzt noch auf dem Geländer. Der Frühlingswind spielt mit ihm, als ob er diesen kleinen Wicht am liebsten irgendwohin weit in die Ferne hinaus blasen wollte. Jedenfalls weg vom Geländer. Aber der Vogel rührt sich nicht vom Fleck. Der Schwanz flattert ein wenig, und die Füße greifen vielleicht ein bißchen fester um das Geländer, aber er bleibt sitzen. Er scheint so einsam in der fahlen Morgendämmerung.

»Ich bin immer einsam gewesen«, sagte mein Mann eines Abends vor zwei Jahren zu mir. Seine Augen waren voll von Schmerzen, aber auch von irgendetwas anderem. Ich schaute ihn an, wo er auf seinem Lieblingsstuhl saß, und versuchte, seine Worte zu verstehen. Und plötzlich erinnerte ich mich an den Tag, als wir den Stuhl kauften, auf dem er saß. Wir waren frisch zusammengezogen, und wir konnten uns diesen Stuhl überhaupt nicht leisten, aber wir sagten uns gegenseitig, daß es unser Weihnachtsgeschenk wäre, trösteten uns gegenseitig damit, obwohl es Hochsommer war. – Oder war es nicht Sommer? – Und auf dem Heimweg kaufte er eine Flasche Wein und drei tiefrote Rosen. »Für unseren Jungen«, sagte er, »eine für jeden Monat.« Und in der Nacht holte er die Rosen, pflückte die Blätter von ihnen ab und ließ sie über mich fallen, wo ich im Bett lag. Legte sich so lachend zu mir. – Und die Blätter waren weich wie Samt zwischen uns. Färbte uns beide...

»Ich bin immer einsam gewesen«, sagte er. »Aber nun habe ich die Liebe gefunden, und ich kann sie nicht loslassen. Sie liebt mich.«

Nein, vielleicht sagte er das nicht so. Er war nie sentimental.

Oder doch? Die Sprache der Liebe ist sentimental in den Ohren derer, die nicht verliebt sind. Ich war nicht verliebt. Ich schaute diesen fünfzigjährigen, verliebten Mann an, und ich genierte mich. Ich fand ihn dumm. Seine Worte so unglaublich kindisch. So schien es mir damals. Zuerst.

Nein, ich erinnere mich nicht mehr, was er sagte. Ich erinnere mich nur an diese drei Worte: einsam, sie, Liebe –

Ich gehe in die Küche und hole mir Kaffee. Setze mich wieder auf den Stuhl am Fenster. Aber ich kann nicht sitzenbleiben. Ich wandere ruhelos im Wohnzimmer hin und her. Ich will ein Bad. Ein kochendheißes, reinigendes Bad. Ich will den Schmutz dieser Nacht von mir waschen. Den Dreck wegschrubben, der überall an mir klebt. Schrubben, bis ich wieder sauber werde. Irgendwie muß ich diese Nacht tilgen.

Aber in einem Wohnblock darf man nicht in der Nacht baden. Nicht nach zwölf Uhr am Abend. Es hört sich so laut in den Rohren an. Ich nehme irgendeine Schallplatte und lege sie auf den Plattenspieler, obwohl es erst kurz nach vier Uhr ist und es hier sehr hellhörig ist. Ich ertrage dieses Schweigen nicht mehr. Ich stelle den Plattenspieler so leise wie möglich ein. Aber vielleicht dringt der Klang trotzdem in die anderen Wohnungen hinauf. Vieleicht hört der Mann in der Wohnung über mir die Musik und denkt boshaft: Nun kann sie nicht schlafen, weil sie keinen Mann hat, die Geschiedene! Seine Augen folgen mir aufdringlich und selbstzufrieden, wenn wir uns im Gang treffen oder in der Waschküche, und er nützt jede Gelegenheit, die sich bietet, mich mit seinen dreckigen Pfoten anzufassen. Dann lächelt er ein heimliches Verschwörerlächeln. Nein, nicht mehr. Nicht mehr seit dem Abend, an dem er besoffen pausenlos bei mir klingelte und forderte, daß ich ihn hereinlassen solle. Man hörte ihn im ganzen Treppenhaus. Seine Frau kam schließlich und holte ihn. Seitdem hat sie mich nicht mehr gegrüßt.

Ich mache den Plattenspieler unsanft aus und setze mich wieder ans Fenster. Der Vogel sitzt immer noch auf dem Balkongeländer. Worauf wartet er? Nun schaut er kurz zu mir durch das Fenster. Was sieht er? Eine Frau mittleren Alters, der es nicht gelang, ihren Mann zu halten? Oder eine Frau, die zuließ, daß man sie...

Mein Hals füllt sich wieder mit Galle. Warum sitzt der Vogel so bewegungslos da?

Notruf, Polizei, Auskunft.

Auskunft?

»Wie kam er hier herein?«

»Wir gingen aus, um uns zu amüsieren, die ganze Belegschaft. Und danach nahmen einige von uns gemeinsam ein Taxi, wir stiegen als letzte aus – er und ich – er – er fragte, ob ich ihn nicht auf einen Kaffee einladen würde – er mußte nüchtern werden, bevor er – nach Haus ginge – seine Frau...«

»Und was hast du gesagt?«

»Ich – ich sagte – sagte...«

»Du sagtest?«

»Ich sagte – ja.«

»Du sagtest ja. Hmm.«

»Warum fliegst du nicht weg? Du bist hier nicht zu Hause, kleiner Vogel, und die Katzen aus dem nächsten Treppenhaus lieben kleine Vögel. Sie lieben sie so heiß, daß sie sie fressen,« sage ich laut hinter der Fensterscheibe, und ich erschrecke, als ich meine Stimme höre. Sie klingt so seltsam in der Nacht. Aber der Vogel hört mir nicht zu. Er schaut mich nur durch das Fenster an und weiß nicht, wer ich bin.

»Weshalb hast du mich dann zu dir eingeladen?« sagte er, und seine Augen waren kalt und vorwurfsvoll.

»Oh, Mama«, höre ich die Stimme meiner Tochter in der Nacht. »Und du, die seit mehr als zwei Jahren geschieden ist.«

Ich versuchte, ihn von mir zu stoßen. Er sagte: »Hab dich nicht so.« Und es ging ein Grinsen über sein Gesicht. Ein selbstsicheres Grinsen. »Bist du etwa nicht geschieden?«

Irgendwie gelang es mir, ihn von mir herunterzustoßen. Ich sprang auf die Füße. Er auch. Ich trat blind nach ihm. Traf nicht. Einen Augenblick standen wir bewegungslos da und starrten uns an...

Weshalb sitzt du so regungslos da? Willst du, daß die Katzen kommen und dich fressen? Sie sind oft draußen bei Nacht. Besonders im Frühling.

...ich ging langsam rückwärts – er folgte – etwas in seinen Augen entzog mir alle Kraft – lähmte mich – ich prallte an die Wand – die Augen kamen näher – näher...

Ich schiebe das Telefon von mir. Ich weiß, daß ich nicht anrufe. Weder dort noch woanders. Ich täusche mich nur selbst. Ich wage nicht, anzurufen. Wage nicht...

Irgendwo tief in mir bricht ein Weinen hervor. Es ist, als ob mein Körper voll von Tränen ist, die mich zerplatzen lassen. Voller Wut ergreife ich den Telefonhörer und wähle die Nummer, die ich besser kenne als alle anderen Nummern, obwohl ich noch nie dort angerufen habe. »Hier ist Steina –« Aber ich lege auf, bevor es klingelt.

»Darf ich kommen und mit dir sprechen, Steina«, fragte er. Die Stimme heiser und trocken wie immer, wenn er aufgeregt war und es sich nicht anmerken lassen wollte. In ihr ein verborgenes Zittern und eine Anspannung, die mich beben machten. Es ist nur er, der mich Steina nennt. Manchmal. Für alle anderen bin ich Steinunn oder Mama oder Oma.

»Nein«, antwortete ich im gleichen Ton. In dreißig Jahren habe ich gelernt, seinen Tonfall gegen ihn selbst zu verwenden.

Es entstand eine lange Pause. Ich wartete, und die Rache war genauso süß, wie man sagt. Ich hatte nie zuvor gewußt, wie süß sie war.

»Steina«, sagte er wieder, und etwas bewegte sich in meinem Inneren. Aber ich sagte nichts. Erstickte die Worte und wartete. Meine Stärke bestand in meinem Schweigen. Das hatte er mir auch beigebracht.

»Steina«, sagte er wieder, und das Wort war wie ein Hilfeschrei.

Ich legte den Telefonhörer ruhig auf.

Plötzlich ist ein zweiter Vogel auf das Balkongeländer gekommen. Sie stehen dicht zusammen, scheinen einander aber keine besondere Aufmerksamkeit zu schenken. War es das, worauf du gewartet hast?

»Ich schreie um Hilfe«, stöhnte ich unter diesem schweren, verschwitzten Körper.

»Dann schrei!« Und ein roter Blitz fuhr rasend schnell aus seinen Augen in meine Augen.

»Schrei«, sagte meine Tochter draußen aus der Nacht.

Er wagt es nicht, mich zu mißhandeln, dachte ich, nicht im Ernst, ich schreie, er wagt es nicht zu tun, aber im selben Moment fühlte ich, daß er fester um meinen Arm griff und ihn ein wenig verdrehte.

»Schrei«, wiederholte er.

Ich öffnete den Mund. Er packte fester zu. Und plötzlich sah ich vor mir die Schlagzeilen der Zeitungen, sah vor mir die neugierigen Augen der Nachbarn, die Augen der Arbeitskollegen, der Bekannten. Neugierige, trübe Augen. Wie damals. Sie starrten auf mich aus allen Richtungen durch den Schmerz hindurch. Verwandte. Freunde. Die Augen meiner Kinder. Seine Augen. Ich schloß den Mund.

Und das harte Lachen des Mannes strömte über mich, flutete durch die Wohnung, ertränkte alles.

Die Vögel sitzen noch auf dem Geländer und starren durch das Fenster herein. Starren mich an. Warum starrt ihr mich so an? Laßt mich in Frieden. Weg mit euch!

»Ja, ich weiß es, – ich weiß es – aber ich hatte Angst«, schreie ich und halte mir gleichzeitig die Hand vor den Mund. »Angst, Angst, Angst«, hallt es höhnisch zwischen meinen Fingern wider.

Nein, ich schrie nicht.

Danach zwang ich mich, zum großen Spiegel im Schlafzimmer zu gehen. Ich entkleidete mich. Schaute lange meinen nackten Körper an. Verschleiß hier und da von den Schwangerschaften. Rote Flecken auf Armen und Brüsten, Bauch und Oberschenkeln. Falten und Runzeln in erschlaffender Haut. Das Gesicht geschwollen. Zwei abgebrochene Nägel. Ein gewöhnlicher Frauenkörper mittleren Alters. Einen Augenblick fühlte ich wieder, wie die Rosenblätter zwischen uns zerdrückt wurden ... Rosenblätter. Ich beeilte mich, meinen Morgenmantel zu nehmen und lief auf die Toilette und übergab mich. Übergab mich, bis die Galle aus mir herausspritzte und ich auf den Boden niedersank.

Viel später schleppte ich mich hinaus. Auf dem Sofa war ein großer geronnener Fleck zu sehen. Ich beeilte mich, heißes Seifenwasser zu holen und schrubbte und schrubbte, bis das Sofa mit Schaum bedeckt war, der mich erinnerte an ... und ich schleuderte die Bürste und den Eimer weg und sah mit großem Entsetzen das Wasser auf den roten Teppich hinunterfließen, sah den Fleck wachsen und wachsen...

»Warum willst du nicht mit Papa sprechen?« fragte meine Tochter.

»Das ist meine Sache.«

»Sie ist seit langem von ihm weg.«

Als ob ich das nicht wüßte.

»Woher weißt du das?«

»Ach, Mama, er ist mein Vater«, antwortete meine Tochter, und ihr Gesichtsausdruck war traurig.

In der Ferne hört man Miauen. Warum fliegen die Vögel nicht weg? Hören sie nicht, daß die Katzen kommen? Sie sind dort draußen, und nichts ist leichter für sie, als auf das Geländer bei mir heraufzuspringen und diese Knäuel zu fressen. Da fliegt der größere. Aber mein Vogel bleibt sitzen. Flieg davon. Weg!

Nein, ich schrie nicht. Ich dachte: Er ist so viel stärker als ich, ich komme nicht gegen ihn an. Und welche Rolle spielt das eigentlich? Es ist das beste, nachzugeben, es ist ja außerdem nicht das erste Mal, daß ich einem Mann erlaube, mit mir zu tun, was er will. – Er verlor das Interesse an Steina, und Steina wurde Steinunn, Mama, Oma. Stein. – Das war anders, rief etwas in meinem Inneren, aber ich tat, als ob ich es nicht hörte. Es war nicht anders. Und dieses unheimliche Lächeln, das sich zuerst an einem Abend vor zwei Jahren auf meine Lippen schlich, kam wieder. Das hier spielte keine Rolle. Keine. Wenn er sich nur beeilen würde!

Oder dachte ich nicht so? Sah ich vielleicht nur den roten Blitz? Und die Augen?

Das Miauen kommt näher.

Ich liege wie tot unter ihm. Verfolge wie im Traum seine heftigen Bewegungen. Ich finde sie lächerlich. Das alles ist lächerlich. Das unbekannte Lächeln hat sich fest auf mein Gesicht geklebt. Ich sehe, wie er seine Befriedigung bekommt. Sehe, wie sein Gesicht einen Augenblick nackt und ungeschützt wird...

»Sie kommen in Scharen in die Notaufnahme, diese Frauen«, sagt meine Tochter verletzt und empört. »Sie sind zusammengeschlagen worden, manchmal vergewaltigt, aber sie erstatten nie Anzeige. Sie lügen und lügen bis zum Äußersten, um diese Bestien nicht anzeigen zu müssen. Was ist eigentlich mit diesen Frauen los?«

...ein nacktes Gesicht. Ungeschützt. Das Gesicht, das alle Frauen kennen. In diesem Gesicht wohnt unsere Macht. Unsere Macht und Schwäche. Aber sie weiß es noch nicht. Sie ist so jung. Ich sehe das wehrlose Gesicht, und mein Schrei macht sich in gellendem Gelächter Luft, das tief aus meinem Inneren kommt. Einen Augenblick spüre ich, daß er starr wird, dann steht er auf und weicht zurück. Ich schaue an seinem Körper aufwärts und lache. Betrachte sein Geschlechtsteil. Lache und lache.

Er gab mir eine Ohrfeige. Aber ich hörte nicht auf zu lachen. Er schlug wieder. Ich lachte. Ich wußte, was ich getan hatte. Und es war mir egal. Er ergriff das Kissen in der Sofaecke und drückte es fest auf mein Gesicht. Das Lachen erstickte. Ich schlug um mich. Bewegte mich hin und her wie ein Fisch an der Angel, bis alles rot blitzte. Schließlich lag ich still. Einen endlosen Augenblick lag das Kissen weiter auf meinem Gesicht. Dann nahm er es langsam weg, unendlich langsam.

Warum fliegst du nicht, kleiner Vogel? Hörst du nicht, daß die Katzen kommen?

Ich schaute ihn an, wie er sich die Hose wieder anzog. Einen Kamm aus der Gesäßtasche herausnahm und sich mit ihm durch das Haar fuhr.

»Du wolltest es auch«, sagt er laut. »Du wolltest das genauso wie ich.«

Ich paßte auf, nichts zu sagen.

»Du hättest weglaufen können, während ich mich auszog, aber du hast es nicht gemacht, was? Gib es nur zu, du wolltest das auch, kannst also nichts machen«, wiederholt er, und sein Gesichtsausdruck wird sicherer und entschlossener. »Ihr seid alle gleich!«

Einen Moment schmerzt mich die Verachtung und die Selbstzufriedenheit in seiner Stimme. Ich will mich rechtfertigen. Erklären. Aber ich weiß, auch wenn ich tausend Jahre reden würde, dann könnte ich das nie erklären. Nicht ihm gegenüber. Nein. Ihm gegenüber ist es nicht möglich zu erklären, außer auf eine Weise. Er versteht nichts anderes.

Ich lag bewegungslos da und fühlte die Schande hinaus in jeden Nerv sickern. Fühlte, daß Steina ermordet worden war. Daß ich mit meiner Feigheit geholfen hatte, sie zu ermorden. Und während das fremde Sperma auf das Sofa hinunterrann, brachten mich Rosenblätter in Bedrängnis, die schon lange tot waren.

Plötzlich springt eine Katze auf das Geländer hinauf. Im selben Moment liegt der Vogel auf dem Balkon. Den Bruchteil einer Sekunde lang kann ich mich nicht bewegen, dann reiße ich die Türe auf und ergreife gleichzeitig eine Kristallvase aus dem Fenster und schleudere sie auf die Katze. Sie zieht sich miauend zurück. Ich schaue die Scherben der Vase an, die auf dem ganzen Balkonboden verstreut liegen. Ich fand die Vase immer häßlich. Eine Scherbe liegt auf dem Vogel. Ich hebe ihn vorsichtig auf. Warum habe ich ihn nicht vom Geländer verjagt? Warum flog er nicht fort? Weshalb blieb er nur sitzen und wartete auf die Katze? Er muß sie auf jeden Fall gehört haben. Glaubte er, daß die Katze ihn nicht angreifen würde? Daß er entkommen könnte? Ich streichle sanft den kleinen Körper, fühle, daß der eine Flügel etwas verunstaltet ist. War es deshalb? War es deshalb, daß er dablieb? Aber weshalb brachte er sich dann nicht in Sicherheit? Weshalb saß er auf dem Balkongeländer, anstatt sich in Sicherheit zu bringen? Ich lege den kleinen Vogelkörper auf das Kissen in der Sofaecke und schaue ihn lange an. Ihn und das Kissen, die beide den Tod in sich bewahren, jeder auf seine Weise.

Dann stehe ich auf, trockne mir die Augen und gehe in die Küche und hole einen Karton. Trage ihn ins Wohnzimmer, lege das Kissen in ihn hinein und den Vogel oben darauf. Dann mache ich vorsichtig den Deckel zu.

Mit dem Karton unter dem Arm nehme ich den Telefonhörer ab und wähle die Nummer. Höre das Klingeln, und als er antwortet, sage ich:

»Ich bin es – «

Übersetzt von Julia Dürr

Gudbergur Bergsson

Als isländischer Autor im Ausland

Einmal wurde ich von einer deutschen Idealistin, die anscheinend eine große Islandfreundin war und eine Buchhandlung in einer nicht großen, aber berühmten Stadt führte, darum gebeten, aus meinen Werken vorzulesen und auf diese Weise nicht nur diese und mich selbst, sondern auch die Kultur Islands bekannt zu machen, eines Landes, welches auf dem europäischen Kontinent größtenteils unbekannt war. Das geschah aus dem Anlaß, daß eine meiner Erzählungen übersetzt und in einer Zeitschrift veröffentlicht worden war, und die Frau war begeistert und hatte beschlossen, nicht nur meine treue Freundin, sondern auch die Förderin der Nation zu werden.

Seit ich ein junges Mädchen war, habe ich mich danach gesehnt, ins Abenteuerland Island zu fahren, schrieb sie mir mit der Einladung in ihrem Fax und bat mich gleichzeitig darum, zu versuchen, Unterstützung für dieses Vorhaben aus dem Landeswerbefonds zu bekommen. Vielleicht wird auch mein Traum wahr, wenn uns dies gelingt. Ich habe beträchtliche Unkosten.

Ich konnte die freundliche Einladung nicht abschlagen und suchte um Unterstützung an. Ich erhielt sie, da man meinte, daß die Literaturpräsentation den Rotbarschverkauf in Bremerhaven fördern könnte. »Deutschland war schon immer der Schlüssel der isländischen Kultur zu der Europas, Wagner hätte seine Opern nie geschrieben, hätte er die Eddalieder nicht gekannt«, stand im Brief des Fonds. Ich schickte der Frau die Unterstützung und fuhr am frühen Nachmittag mit dem Zug in die Stadt und fand die Buchhandlung im Zentrum.

Die Frau empfing mich mit einem wissenden Lächeln, als ob sie isländische Autoren vom Sehen her kennte; sie bräuchten sich nicht vorzustellen. Sie führte mich sofort eine breite Holztreppe hinunter, denn der Laden ging über zwei Stockwerke. Im Untergeschoß erwartete mich ein Mikrofon, und für die

Gäste, die kommen sollten, hatte man einige Stühle im Halbkreis aufgestellt.

Die Frau war mittleren Alters und ständig in Bewegung. Sie schien sich unwohl zu fühlen, vielleicht, weil sie in dieser Sache überstürzt gehandelt hatte, vielleicht würde niemand kommen und sie würde bei der Sache nur Geld verlieren.

Alles ist teuer in Deutschland, allein das Sein kostet uns das Leben, sagte sie und nickte einige Male mit dem Kopf, als ob sie Mitleid hätte mit sich selbst und dem deutschen Volk bei diesem Gang zum Schafott.

Ich bekam Schuldgefühle und versuchte, ein lebhaftes Gespräch aufrechtzuerhalten, doch es wurde eher gezwungen. Um uns herum waren Regale mit Büchern, die sie zu ordnen begann, was aber unnötig war. Nach kurzer Zeit wurde mir bewußt, daß vermutlich niemand kommen würde, obwohl die Frau sagte, sie habe intensiv in der Buchhandlung geworben, sowohl innen als auch draußen im Schaufenster und auch an der gläsernen Eingangstür des Selbstbedienungsladens auf der anderen Straßenseite.

Schon das geht ins Geld, sagte sie ziemlich betrübt, so daß ich noch mehr Mitleid und Schuldgefühle bekam, weil sie so viel investiert hatte.

Mit so einem Werbefeldzug hatte mein Besuch niemandem entgangen sein können. Die Frau versicherte mir dies und nickte mit dem Kopf.

Ich kenne die Deutschen, wir lassen uns nichts entgehen.

Dann begann sie von ihren Schwierigkeiten zu erzählen, wie ungern deutsche Autoren Lesungen halten würden, wenn sie dafür nicht viel Geld bekämen.

Es wäre undenkbar, daß Martin Walser hierherkäme, sagte sie. Und wenn er für ein Vermögen käme, würde er mit mir nur das Notwendigste sprechen, ganz zu schweigen von den Gästen.

Warum nicht? fragte ich.

Glauben Sie nicht, daß solche Männer viel von sich halten? sagte sie erstaunt darüber, daß ich nicht zu verstehen schien, wie bedeutungsvoll deutsche Autoren sind. Trotzdem las Thomas Mann hier vor dem Krieg, der Laden ist zwar renoviert worden, aber das Schild ist noch da.

Sie zeigte es mir.

Das ist bemerkenswert, er stand genau hier, aber der Fußboden war natürlich anders, sagte sie, strich über das Schild und begann mir davon zu erzählen, wie gut sich das neuerschienene Buch von Süskind, Die Taube, verkaufe. Allerdings nicht so gut wie das vorherige, fügte sie leicht betrübt hinzu.

Warum nicht? fragte ich wieder, denn aus Nervosität fiel mir keine andere Frage ein.

In Deutschland verkaufen sich nie zwei Bücher desselben Autors in Folge, sagte sie erstaunt. Wissen Sie das nicht? Das ist eines der deutschen Gesetze.

Nein, antwortete ich.

Das ist wohl so, weil Sie Isländer sind? sagte sie, nickte mit dem Kopf und zeigte Verständnis dafür, daß meine Verständnislosigkeit ein geographischer Fehler sei, aber ihr verständlich.

Das untere Stockwerk war eine Art Grube. Von dort aus, wo ich stand, konnte ich sehen, daß Leute in den Laden kamen, Bücher anschauten oder kauften, aber keiner fand den Weg nach unten. Endlich spähte eine Frau unauffällig über das Treppengeländer, kam herunter, durchstöberte die Regale um mich herum, setzte sich aber nicht. Dann schneiten noch mehr Leute herein, vielleicht um nachzusehen, wonach diese Frau stöberte, und zu sehen, ob es sich nicht lohnte, auch zu stöbern. Alles ging nach demselben Muster. Manche begannen, in Büchern zu blättern, aber keiner setzte sich. Jetzt kam der Zeitpunkt, an dem ich die Lesung vor erwarteten Zuhörern, die nicht kamen, hätte halten sollen. Die Frau wurde unruhig, schien mich aber nicht den leeren Stühlen vorstellen zu wollen. Ich fand, daß ich nicht beginnen könnte, sah aber keine Möglichkeit, mich von der Frau zu verabschieden und höflich zu gehen, als ob ich zufällig frech hereingeschneit sei und einer dieser Schreiberlinge wäre, die sich den Inhabern von Buchhandlungen aufdrängen und Stühle und Mikrofon fordern.

Was wollen Sie jetzt vorlesen und uns hören lassen? fragte die Frau fröhlich.

Eine kurze Geschichte, antwortete ich.

Das wird spannend, sagte sie unnötig fröhlich. Worüber? Nein, Sie wollen selbstverständlich nichts im voraus sagen, um den Leuten die Spannung nicht zu nehmen, fügte sie hinzu.

Sie ist über eine fremde Frau, die auf einen Hof kommt und den Kindern Orangen schenkt, sagte ich.

Handelt die Geschichte von irgendwelchen Flüssigkeiten? fragte sie zögernd.

Nein, antwortete ich. Vielleicht eher von Saft.

Die Frau wurde unruhig.

Ich habe mich ein wenig über Sie erkundigt, bei den Skandinavischen Instituten hier in Deutschland, an denen Isländisch unterrichtet wird, Sie entschuldigen, und bekam die Informationen, daß immer viel Körperflüssigkeiten in Ihren Geschichten vorkommen würden, sagte sie und rieb sich mit dem Fingernagel an der Nasenspitze.

Haben Sie dem Institut in München geschrieben? fragte ich.

Das sage ich nicht, antwortete die Frau gereizt.

Soso, sagte ich.

Ist es sicher, daß darin Orangensaft vorkommt und nicht irgendwelche Körperflüssigkeiten? fragte sie.

Nur wenn Orangensaft die Körperflüssigkeit der Orangen ist, sagte ich ziemlich verblüfft.

Lassen wir das so stehen, obwohl dieser Ausdruck in Deutschland nicht für Orangensaft benutzt wird, nur Saft, aber fangen Sie doch an, sagte die Frau aufmunternd und schien eine Möglichkeit gefunden zu haben, um mich aus den Schwierigkeiten zu befreien, in die ich geraten war, nicht sie, weil ich lesen wollte, ich hätte die gute Einladung ja ablehnen können. Deshalb sei ich für alles verantwortlich, auch dafür, daß anscheinend niemand vorhatte zu kommen.

Ich schaute sie an, verwirrt darüber, daß ihre Miene sagte: »Es ist Ihre eigene Schuld, Deutsche sind immer unschuldig, egal was wir machen«; aber mit Worten sagte sie kurz angebunden, als ob sie dies nichts mehr anginge:

Vielleicht locken Sie Kunden herunter, wer weiß, wenn Sie sich endlich daranmachen zu lesen.

Sie flüsterte die letzten Worte. Eine stämmige Frau mittleren Alters spähte neugierig über das Geländer am oberen Treppenabsatz und kam herunter. Mir schien sie eine dieser Frauen zu sein, die mit der Einkaufstüte in eine Buchpräsentation hereinzuschneien pflegen, sich mit den Händen im Schoß auf einen Stuhl fallen lassen und sich nach einer kurzen Weile mit ziemlichem Getöse erheben, welches sagt: »Das ist nichts für mich. Ich sollte lieber zum Kochen oder Putzen nach Hause gehen. Ich muß noch bügeln und die Unterhosen der Jungen zusammenlegen.« Es war eine untersetzte und mütterliche Frau. Sie setzte sich nicht, sondern begann, in einem mit ›Allgemeines‹ bezeichneten Regal zu suchen. Die Inhaberin nahm sich ihrer an und begann, ihr zu helfen. Sie suchte nach Büchern über Blumen und Hunde. Die Abteilung mit diesen Themen war an einem anderen Ort, oben, und zentral gelegen. Solche Bücher verkaufen sich das ganze Jahr über. Die literarische Abteilung war unten. Die Fremde wurde so verwirrt, weil sie in die falsche Abteilung geraten war, daß sie die Treppe hinaufeilte. Ich hatte gerade zu lesen begonnen. Sie war sogar noch unruhiger als die Inhaberin, die ihr zuzischte, damit die Zuhörer mir zuhören könnten, obwohl sie nirgends zu sehen waren. Die Frau legte auch die Finger an die Lippen, während sie bestürzt die Treppe hinaufrannte. Ich fuhr fort und beobachtete dies aus den Augenwinkeln. In der Flucht der Frau sah die Inhaberin ihre Chance und folgte dieser. Ich dachte bei mir, daß sie jetzt die Gelegenheit nutzte, um zu entkommen. Ich war allein mit dem Mikrofon und etwa dreißig leeren Stühlen, aber ich hörte nicht auf, da ich gut mit der Geschichte vorangekommen war.

Auf einmal sah ich junge Leute kommen, einen Jungen und ein Mädchen, welche sich mitten auf die Treppe setzten, auf die Stufen, nicht auf die Stühle. Anstatt das zu tun, was junge Leute auf Treppenstufen machen, sie beginnen normalerweise, sich zu küssen, schienen sie aufmerksam zuzuhören und sogar mit Spannung. So saßen sie lange, ich las und dachte gleichzeitig: »Warum sind sie wohl gekommen? Was bringt junge Leute dazu, einem ausländischen, unbekannten Dichter aus einem unbekannten Land zuzuhören, welches sie vielleicht nie zuvor erwähnt gehört haben?«

Ich fuhr fort zu lesen und nachzudenken. Da fiel mir ein, es müßten isländische Studenten sein, die gekommen waren, um ihrem Landsmann zuzuhören, ihm Solidarität zu zeigen. Dies hier war eine Universitätsstadt, und obwohl sie klein war, meinte ich zu wissen, daß es in ihr mindestens einen Isländer geben müßte, wie an den meisten Orten auf der Erde. Egal, in was für ein Kuhdorf auf der Welt man kommt, es versteckt sich dort immer irgendein Isländer. Das mußte traditionsgemäß ein isländischer Student mit der ausländischen Liebsten sein. Den Leuten zu Ehren begann ich, isländisch zu lesen, obwohl ihre Reaktionen nicht darauf hinzudeuten schienen, daß sie Landsleute von mir waren. Sie saßen ruhig da und hörten zu, ohne eine Miene zu verziehen. Jetzt beendete ich die Lesung, dankte den Gästen für ihr Kommen, ging zu ihnen hin und sprach sie auf isländisch an. Sie schauten mich nicht einmal verständnislos an, sondern standen langsam auf und gingen. Da ging ich auch die Treppe hinauf, ließ aber einen Abstand zwischen uns. Ich ging nicht hinaus wie sie.

Das Mädchen, das im Laden bediente, lächelte mich an. Sie fragte, wie es üblich ist:

Lief das nicht ausgezeichnet?

Doch, antwortete ich und wartete.

Warten Sie auf jemanden? fragte sie, als ich lange genug gewartet hatte.

Ich fragte nach der Frau.

Sie ist kurz weggegangen, antwortete das Mädchen.

Ich wartete. Das Mädchen schaute mich ab und zu lächelnd an und sagte:

Möchten Sie vielleicht Kaffee, sie muß bald kommen.

Ich begriff schließlich, daß das, daß jemand kommen müsse, bedeutete, daß er erst am nächsten Tag kam, oder vielleicht dann, wenn man schon lange aufgehört hatte zu warten und klug genug gewesen war zu gehen. Ich dachte bei mir, daß es richtig wäre, unendlich lange auf die Frau in dem Laden zu warten, um irgendeine Bezahlung zu bekommen, fand es aber zum Schluß am vernünftigsten zu gehen, damit ich nicht auch noch den letzten Zug verpaßte.

Übersetzt von Petra Schulze

Gudbergur Bergsson

Die vierte Weihnachtsgeschichte,
die nicht schlechter ist als die davor:
Jesus lehrt einen Kommunisten, nicht mehr seine Frau zu betrügen

Es war einmal ein erst vor kurzem nach Reykjavik gezogener, gelinde gesagt fanatischer Kommunist, der sich nicht belehren ließ, obwohl die kommunistischen Staaten beim Sonnenaufgang des roten Ostens einen kompletten Zusammenbruch hingelegt hatten und nicht daran dachten, jemals wieder auf die Beine zu kommen, wie es ein neuer Fünfjahresplan vorsah. Er war mit einer frustrierten und gehorsamen Frau verheiratet, die mit dem Fluch ihrer Klasse geboren war, daß sie sich oft selbst im Weg stand, sowohl im Leben als auch im Beruf, genau wie das gemeine Volk. Deshalb neigte sie dazu, in der Hausarbeit eher zu ersticken, als daß sie sie planmäßig erledigte, und wußte, daß sie es nie auf den Arbeitsmarkt schaffen würde. Auf diese Art hätte sie nicht einmal den Job in einer Keksfabrik bekommen, Kekse zu sortieren. Daher war sie irgendwie durcheinander und nahm kaum etwas um sich herum wahr, außer daß eine gewisse Regelmäßigkeit darin bestand, daß, wenn sie glaubte, endlich alles erledigt zu haben, es klar war, daß sie irgendetwas immer noch nicht erledigt hatte.

Das Ehepaar wohnte im Parterre rechts, in einem normalen Haus mit grauem Muschelschalenverputz, und der Kommunist betrog die Gattin mit irregeleiteten Frauen, die Schwierigkeiten bei der Stimmabgabe hatten, wo immer sie in der Stadt, in Wohnblocks oder in Mehrfamilienhäusern, wohnten, jedoch nie in Einfamilienhäusern. Das wäre zu auffällig gewesen. Er war seiner Ehefrau nicht ausschließlich untreu aus dem Bedürfnis heraus, seine Unfreiheit in der arroganten, bürgerlichen Gesellschaft abzuschütteln und die Bürde der Triebe loszuwerden, die die Natur dem Unterleib des Mannes auferlegt hat, sondern vielmehr aus politischen Gründen.

Es steht zu erwähnen, daß er auf diese Weise unter den Frauen eine beträchtliche Menge Stimmen für die Partei gewonnen hatte, und im Wahlkampf kam man immer auf ihn zu und sagte:

Wir haben hier so eine auf der Liste, die schon wieder Probleme mit ihrer Stimme hat, wie wär's, wenn du mal ganz schnell mit dem Rotschlägel hingehst und sie im Dienste der Sache bearbeitest?

Daher gelangte der Kommunist zu der Ansicht, daß Frauen in der Regel nicht davon zu überzeugen waren, eine Partei zu unterstützen, selbst wenn sie im Wahlkampf vielleicht deren Vorzüge sahen, wenn nicht irgendein Mann, wie er einer war, sie kurz vor dem Wahltag aus Gründen der Parteidisziplin bestieg.

In dieser wie auch in anderer Hinsicht sind Kommunisten unglaublich blind gegenüber dem Leben und dem Dasein und besonders gegenüber Frauen, weil sie nur einen geringen Unterschied zwischen Wunschdenken und Realität machen und todernst von so etwas wie wissenschaftlichem Materialismus reden oder einer anderen »ewigen Wahrheit«, die keinen Menschen interessieren würde, genauso wenig wie die Bibel und das Kommunistische Manifest, wäre der Inhalt dieser Bücher nicht in den entzückenden Stil jenes lyrischen Geschwätzes gebracht, das Leuten aus dem Mund kommt, die in mehr als nur in einer Bedeutung leicht angeheitert sind.

Natürlich war der Kommunist von sich selbst überzeugt, ähnlich wie auch seine Genossen dazu tendierten, und sagte selbstgefällig auf den Treffen der Roten Zellen, daß er die Unentschlossenen von der Qualität der Idee dergestalt überzeugte, daß er mit ihnen im Bett über Politik stritt, um sich die Lust zu rationieren, bis sie im Orgasmus Kampfgenossen wurden.

Das war seine Überzeugung, und vielleicht sagte er zu oft, wenn er den Mund aufmachte und Männer Lust hatten, zuzuhören, daß für ihn die Ehe weder ein Gefängnis noch eine Fußangel sei, sondern etwas, das Gewissensbisse verursache, und das an sich allein schon mache ihn gegenüber der Partei so ergeben, daß er sie und die Theorie niemals betrügen würde.

Und ich habe von beidem einen Nutzen, der mir sonst entgangen wäre, wenn ich blind gegenüber der Welt und parteilos wäre, fügte er hinzu.

Der Kommunist brachte die Rede gern auf die Kampftruppen der Genossen im Ausland und bewunderte besonders die Guerillatruppen in Peru, die sich nach dem Leuchtenden Pfad nannten. So geschah es irgendwann kurz vor Weihnachten letztes Jahr, daß er keine Lust hatte, gemein zu seiner Frau zu sein, weil sie bis über beide Ohren in den Vorbereitungen steckte, und beschloß, sie an Heiligabend in Ruhe zu lassen, während sie den Kindern die Sonntagskleider anzog und sich selbst das Kleid mit den Rosen, das sie unten auf dem Flohmarkt immer wieder angesehen hatte, bis er sagte:

Also gut, ich schenke dir das Fähnchen, weil es fast wie vom Schlußverkauf ist.

Dann gab er ihr das Geld, und sie kaufte es selbst; er mußte weg auf Stimmenfang für die Sozialistische Union, die Partei, die er aus schierer Not wählte, oder anstatt einen leeren Stimmzettel abzugeben.

Daran dachte er gerade dieses Jahr an Heiligabend und beschloß, sich bei der Frau im Nachbarhaus einen Quickie zu besorgen. Er hatte sie einmal zur zweifachen Kommunistin gemacht, in jenem großen Wahljahr, als die Parlaments- und Kommunalwahlen stattfanden. Indem sie lange an dem Weihnachtsstern im Fenster herumnestelte, gab die Frau ihm zu verstehen, daß sie sich bei der anstehenden Stadtratswahl nächstes Frühjahr für die Frauenpartei erwärmen könnte. Der Stern war das Zeichen der Partei.

Obwohl der Kommunist nicht an Gott, den Himmel und die Zehn Gebote glaubte, verbarg sich in ihm ein christliches Schuldgefühl, und dieser Aberglaube machte es ihm nun schwerer, einen Entschluß zu fassen. Er war zum Beispiel der Meinung, daß es doch irgendwie unpassender sei, die Ehefrau an Heiligabend zu betrügen als an einem anderen Tag. »Am besten, ich warte damit bis zum zweiten Weihnachtsfeiertag«, dachte er und glich darin den Christenmenschen, daß er heftig zu sündigen begehrte, bloß um die Lust an der Spannung zu genießen und so schließlich viel eher Furcht und Qual als die Lust der natürlichen Triebe und ihrer Befriedigung zu empfinden.

Er geriet fast in einen Taumel und in Wahltagsstimmung, so daß er die Frauenpartei gerne um eine potentielle Stimme betrügen wollte, denn er erinnerte sich an die Worte seiner Kameraden aus alten Tagen, als den Roten bald die ganze Welt gehören sollte, und sie eine Prise und den Mund ziemlich voll nahmen und sagten:

Da stellt sich eine ansonsten prima Frau ein bißchen an wegen der Konservativen, kannst du da was machen?

Da machte er das, was nie fehlschlug, nämlich beim Stimmenfang der Frau ruhig im Milchladen aufzulauern und zu ihr zu sagen:

Keiner trinkt mehr zwei Liter Vollmilch täglich, wenn die Konservativen bei der nächsten Wahl in Reykjavik die Stellung halten.

Das gibt's doch nicht; wird dann die Milch rationiert? fragte sie.

Ja, antwortete er und lächelte ein zweideutiges Lächeln bis über beide Mundwinkel. Und das trifft natürlich euch, die Frauen, am härtesten.

Gott helfe mir! rief sie.

Es gibt noch eine andere Hilfe gegen die Milchknappheit als die seine, und mehr im Geiste des wissenschaftlichen Materialismus, sagte er und machte sich verständlich.

Sie konnte nicht umhin, einen so freundlichen Mann nach Hause zu Kaffee und hochfliegenden Gesprächen einzuladen.

Nachdem der Kommunist mit all seinen Gedanken bei alten Erinnerungen war, saß er wie auf Kohlen; seine Frau bemerkte seine Nervosität und sagte:

Ich will verdammt sein, wenn deine Nerven nicht schlimmer als meine sind, obwohl du keinen Finger krumm machst und alles auf mir abládst.

Die Zuschauer im Saal sind oft gespannter als die Schauspieler auf der Bühne, antwortete er kurz und hatte auf alles eine Antwort, allein deshalb, weil er Kommunist war.

Dann hilf mir, die Kartoffeln zu schälen, oder scher dich raus, bis ich aufgeräumt habe, sagte die Frau. Du machst es nur noch schlimmer, wenn du in meiner Nähe bist.

Als wahrem Mann und überzeugtem Kommunisten gefiel es ihm nicht, daß ihm die Frau befahl zu gehen, und es tat seinem Verlangen Abbruch, daß sie es ihm dadurch leichter machte, sich mit der im Nachbarhaus zu treffen. Es kam ihm sogar der Gedanke, daß sie sein Verhalten kannte und froh wäre, etwas von dem, was sie seine Anspannung nannte, auf andere und tüchtigere Frauen abwälzen zu können, weil sie sie nicht allein ertrug, und sie schien nie zu wissen, wann er oder sie fertig waren, oder ob noch etwas nachkam. Das war genau wie mit den anderen Hausarbeiten auch. Er hatte vor, sich zuerst aufzublasen, sie zu provozieren, in ironischem Ton von dem Weihnachtsgetue und der Kirche zu reden, die sich zum Verbündeten der Geschäftsleute gemacht hätte, so daß »das Geburtstagsfest eures Erlösers« nichts anderes wäre als knallhartes Business, und die Wall Street bestimmt eine Filiale in Bethlehem gehabt hätte; doch das Seltsame geschah, daß es ihm nun so vorkam, als ob diese heilige Wahrheit, die die Allgemeinheit dazu aufrief, auf der Hut vor der Geschäftstüchtigkeit zu sein, nunmehr eine olle Kamelle ohne Bedeutung wäre, so daß er sich zum ersten Mal im Zaum hielt, seit er die Schafe auf dem Land verlassen hatte, doch umso logischer dachte er im Geiste der Revolution: »Wenn ich ein Guerillakämpfer des Leuchtenden Pfades wäre, würde ich kurz vor Weihnachten das Einkaufszentrum angreifen und dort den ganzen unnützen Plunder zerstören, den es mit sich bringt, angeblich an Gott zu glauben, doch in Wirklichkeit den Mammon anzubeten.«

Innerhalb kurzer Zeit war er etwas in politische Raserei geraten, feindselig gegen alles, den Kapitalismus und die Kirche, doch am meisten gegen die Männer, die die Frauen dazu brachten, sich ewig zu binden, so etwas würde er sich nicht bieten lassen.

Darüber ereiferte er sich lang und breit in Gedanken, meist im Wohnzimmer oder draußen auf dem Gang, bis die Uhr auf sechs zuging und es nun entweder an der Zeit war, ins Nachbarhaus zu gehen, um sich einen Quickie zu besorgen, oder damit bis zum zweiten Weihnachtsfeiertag zu warten, wenn er sterbenslangweiligen Familienfesten beigewohnt hatte und nur einmal kurz verschwinden konnte, um mal an einer zu schnuppern, die er vor langer Zeit einmal »christianisiert« hatte, eine sichere Stimme, nichts Besonderes, und an der er bereits das Interesse verloren hatte, sowohl politisch als auch sexuell; auf die brennenden Fragen des Tages hatte sie nie eine andere Antwort, als immer wieder zu sagen:

Du kannst sicher sein, Genosse, die alten Zeiten mit Stalin kehren durch Intuition bestimmt wieder; alles kommt einmal wieder, nicht nur die Mode, da heißt es einfach warten und bereit sein und standhaft bleiben, auch wenn die Parteizeitung bankrott ist.

Nun gilt es, sich in dieser Sache zu bewähren oder an jener zu krepieren, sagte er zu sich selbst, als die Nachbarin damit fertig war, den Weihnachtsstern im Küchenfenster anzubringen, und anfing, rote Wachslichter neben der Haustür anzuzünden. Es wurde schon fast zu weihnachtlich im Viertel, und alles war bereits von zuviel schmieriger Heiligkeit überzogen, als daß er diesen ganzen Schleim gerne losgeworden wäre oder eine blutige Revolution angezettelt und der Falschheit in der Welt ein Ende gemacht hätte, damit das gemeine Volk wieder normal würde und die Leute gesund im Sinne der Natur und der Theorien des wissenschaftlichen Materialismus.

Es war ganz so, als durchzuckte ein Blitzgewitter von Ideen den Geist des letzten überzeugten Kommunisten Islands, und er loderte auf, als er sah, wie sich die Frau auf der Treppe bückte, um die roten Wachslichter eine Stufe tiefer zu stellen und dann hinaus auf den Gehweg, so daß sie eine Art leuchtenden Pfad im Schnee bildeten. Nun hielten den Kommunisten keine Bande mehr, er beschloß, hinüberzugehen und die Frau schnellstmöglich zu nehmen, beinahe in Wahltagsstimmung, während sie das Geselchte für den morgigen Tag fertigkochte, damit es über Nacht abkühlte, ein bißchen Hopserei würde ihr guttun, da sie gerade ihren Mann verloren hatte. Doch man merkte ihr keine Trauer an, sondern vielmehr Erleichterung darüber, daß sie nun so häufig Besuch bekommen konnte, daß sogar seine Frau gesagt hatte:

Ich glaube, bei ihr geht es ärger zu als bei den schlimmsten Mädchen, die auf die schiefe Bahn geraten sind.

Als er die Haustür aufriß, entschlossen, die Nachbarin tüchtig durchzuwalken und sich eine ordentliche Portion von ihr als Weihnachtsgeschenk zu genehmigen, schreckte er wieder zurück ins Haus, denn auf der Treppe begegnete ihm ein leuchtendes Wesen in einem Meer aus Licht. Ihm war sofort klar, daß da das Jesuskind unterwegs war, zerlumpt anzusehen, wie ein Proletarierjunge oben aus Breidholt, der nur den Trost der Drogenspritze kannte. Das Kind sagte mit heller Stimme und griff sich fest und entschieden in den Bart:

Ich weiß, wohin du mit schmutzigen Begierden an so einem Abend laufen willst, und das an dem heiligen Tag, als ich vor ungefähr zweitausend Jahren geboren wurde, obgleich ich nichtsdestoweniger immer noch als reines Kind auf der Erde wandle.

Wohin will ich? fragte der Mann auf jene streitlustige Art und Weise, die er sich angewöhnt hatte und die ihm selbstverständlich geworden war nach den ständigen Auseinandersetzungen über den Kommunismus und den christlichen Glauben, und ob es besser für das Menschengeschlecht wäre, wenn die Gebote des einen statt des andern aufrichtig befolgt würden.

Das Jesuskind sah, wohin der Hase lief, geradewegs in das übliche Hickhack, und es wußte, daß der Kommunist viel besser in der Bibel bewandert war als es selbst. Er las darin stets und überall, las sie immer wieder von vorne bis hinten, um den Schwachsinn und die Unlogik darin auswendig zu können und eine Abneigung gegen ihre Botschaft zu entwickeln, und um statt dessen ein umso größerer Anhänger der unverbrüchlichen Wahrheit zu werden, die wie eine Eins im Kommunistischen Manifest stand. Dahingegen hatte das Kind niemals auch nur ein einziges Wort in der Bibel gelesen, Analphabet, der es aufgrund der Armut war, doch es glaubte daher umso fester daran. Deshalb sagte es mit sanfter Stimme:

Bring mich an diesem Abend nicht dazu, dir deinen Lebenslauf in Erinnerung zu rufen, aber ich werde dir in einer Vision die vielen Pfade und Wege zeigen, die du zwischen deinem

Zuhause und anderen Orten als den Roten Zellen zurückgelegt hast.

Über so ein Geschwätz von wegen bürgerliche Moral kann ich nur lachen, sagte der Kommunist und sah dem Kind direkt in die Augen.

Dann trat er dicht an es heran und fügte auf jene furchterregende Art, die sich die Kommunisten angewöhnen, um Widerstand und Ausdauer der Falschgläubigen zu brechen, hinzu:

Und du, bist du ganz zu den Konservativen übergelaufen?

Doch weder gab sich das Jesuskind so schnell geschlagen, noch ließ es sich einfach das Maul stopfen. Ihm waren die alten Methoden vertraut, die Diener der Kirche hatten sie in der Blütezeit ihrer Macht ebenfalls angewendet, als die Diktatur der Engel herrschte. Entschieden traten sie da an den Sünder heran, mit göttlichem Schrecken im Blick, um ihn der Vereinigung mit unreinen Kräften zu bezichtigen, erschreckten und beugten ihn; und banden ihn schließlich eher mit Furcht als Verstand an sich. Der Kommunist lachte kalt, als er seine Ohnmacht in der gemeinsamen Tyrannei der heiligen Überzeugung spürte. Doch das Kind fuhr an der Stelle fort, wo sie abgeschweift waren:

Deine Fehltritte bilden den einzigen Pfad, den du in deinem Leben gebahnt hast.

Im Handumdrehen begannen die Straßen von den leuchtenden Fußspuren und Schlangenlinien zu erstrahlen, die eilige Füße in ausgetretenen Schuhen oder Füße, die dahinschlichen, im Schnee hinterlassen hatten. Der Wege waren viele und der Spuren so unzählige, daß es hell wurde und ein Schein über den schneebedeckten Hausdächern lag.

Die Einwohner der Stadt drängten sich an die Fenster ihrer Häuser, und die wenigen gottlosen Gestalten, die draußen auf den Straßen unterwegs waren, glaubten, der zukünftige Bürgermeister feiere seinen Sieg und genehmige sich bereits einen Vorschuß auf den Triumph, oder dies würde anläßlich der Hundertjahrfeier der Elektrizitätswerke veranstaltet, die den Himmel mit einer Flutlichtskulptur erleuchteten, deren Ausführung fünfzig Millionen gekostet hätte; oder es wäre vielleicht ein Wetterleuchten, das sich vor lauter Enttäuschung der Bürger entzündet hätte, weil sie ahnten, daß die Konservativen bei den Wahlen bestimmt große Verluste erleiden würden.

Im selben Moment verschwanden das Jesuskind und die Fußspuren, und die Düsternis des Wintertags legte sich in der gewohnten Weise auf die Stadt. Der Kommunist schämte sich, wie er dort in der Tür stand, und dachte nicht einmal wie sonst, daß Gott seine Position auf dieselbe Weise nutzte wie der CIA, er spionierte Menschen mit gesunden Instinkten aus und schränkte sie in ihrer Freiheit ein. Statt dessen beschloß er dort auf der Schwelle, sein Leben zu revidieren, sowohl sein Verhalten in der Politik als auch das daheim, doch vor allem, was die Ehefrau betraf, fest entschlossen, nächstes Mal die Frauenpartei zu wählen, obwohl er wußte, daß ähnliche Schwankungen, wie sie früher auf den Schneehuhn- und Seehasenbestand beschränkt waren, auch in die Bewegung der Frauen gekommen waren. Er nahm sich außerdem vor, nach Vorbild der Schweden keinen Zucker mehr zu essen, wie die Dänen mit dem Rad zu fahren, nach amerikanischem Vorbild der Frau mit einem Kuß frohe Weihnachten zu wünschen und sie nie wieder darauf hinzuweisen, daß Marx gesagt habe, daß Religion Opium für das Volk sei. Auf gar keinen Fall wollte er damit prahlen, daß Weihnachten ein normaler Arbeitstag bei ständig steigender Produktion in der Schwerindustrie gewesen sei, solange der Kommunismus in der früheren Sowjetunion noch obenauf war. Und er wollte nicht mehr sagen, wenn sie sagte, daß es in den Geschäften im GUM in Moskau für Frauen nie etwas zum Anziehen gegeben hätte: »Ist das nicht gut? Dann hätte Jesus dort die Händler nicht mit der Geißel aus dem Tempel des Mammons vertreiben müssen. Das müßte er auch hier machen. Gesunde Frauen nähen alles für sich und die Kinder selbst, und Männer können gekaufte Unterwäsche tragen!«

Als er sich dort auf dem Gang gebessert und im Geiste sein Leben völlig umgekrempelt hatte, trat er über die Schwelle hinein und empfand noch mehr Freude, als er hörte, wie der Sprecher im Radio sagte:

Guten Abend und frohes Fest. Habt ihr denn schon die Weihnachtsbücher eingepackt, sie sind dieses Jahr billiger als die CD's? Ganz egal, jetzt wird der übliche Gottesdienst übertragen, der jedes Jahr in der Domkirche gehalten wird, um alle vor Langeweile umzubringen. Der Bischof von Island predigt am Altar und beschränkt sich auf das Wort des Tages, denn er selbst ist sowohl wort- als auch sprachlos im Glauben.

Doch kaum hatte der Sprecher das letzte Wort gesagt und die erste Toccata und Fuge ertönte, als in dem revidierten Kommunisten wieder der alte Kommunist hochkam. Er fluchte mordsmäßig und schrie mit so lauter Stimme, daß er die tiefen Orgeltöne übertönte:

Ich weigere mich, mich wie irgendein deutsches Schwein die nächsten Tage ständig mit Toccaten und Fugen umbringen zu lassen! Könnte ich doch lieber den Säbeltanz von Khachaturian auf der Mundharmonika hören oder den Chor der Roten Armee, wie er die guten alten Lieder singt, die Heimatlieder und Kampfgedichte des Genossen Stalin! Das wäre was für das Volk. Selbst wenn es in der Sowjetunion vielleicht nicht pünktlich bezahlt worden ist, so ging sein Lohn in Aktien, die es nicht im Sonnenuntergang sondern in der Zukunft des Menschengeschlechtes bekommen würde.

Mit diesen Worten begann er zu singen:

»... Um dich spielen des Frühlings sanfte Winde,
das Arbeitsleben gilt an jedem Tag,
kein Land so treu in weiter Welt
wacht über seiner Kinder Wohl ...«

Der Kommunist sang lauthals und siegesfroh, bis seine Frau zu weinen anfing und fragte:

Gibt es denn nichts außer den Toccaten und Fugen der besseren Leute und den lächerlichen Liedern der anderen Karikaturen?

Plötzlich wurde es hell im Zimmer, und das Jesuskind kam herein, in einem strahlenden Meer aus Licht. Es ging zum Fernseher und zum Radio, schaltete sie aus und brachte den Kommunisten zum Schweigen und sagte:

Doch, die heilige Stille, gute Frau!

Übersetzt von Hans Brückner

Ólafur Gunnarsson

Graues Silber: Eine alte Rechnung

I

Den Anfang meiner Geschichte kann man bis zu jenem verfluchten Tag zurückverfolgen, als ich im Sommer des Jahres 1962 meinen Bruder Eysteinn in das Alte Kino einlud. Ich ziehe es jedoch vor, hochverehrte Herren, meinen Bericht an jenem längst vergangenen Morgen beginnen zu lassen, als ich mit der Post die deutsche Ausgabe meines Buches »Das besetzte Island« bekam.

In jenen Jahren hatte ich ein Zimmer in der Grettisgata gemietet, um dort zu arbeiten, und ich ließ mir dorthin jene Post schicken, die meine Arbeit betraf. Ich war schon früh unterwegs, und das Päckchen erwartete mich auf der Treppe, als ich die Außentür öffnete.

Mein Herz schlug vor Aufregung. Ich legte meine Aktentasche weg und hob das Päckchen mit beiden Händen auf. Ich erinnere mich noch deutlich, daß es in Heidelberg am 18. September 1991 abgestempelt worden war.

Ich ging die Treppe hinauf und öffnete die Tür in mein Zimmer. Ich legte das Päckchen auf den Schreibtisch und hängte meinen Regenmantel und die Schirmmütze an den Haken. Ich drehte den Ofen auf, wartete aber damit, mir den Schal abzunehmen, bis es wärmer geworden war. Ich saß lange Zeit über dem Päckchen, ohne daß ich es fertigbrachte, es zu öffnen. Mir war leicht ums Herz. Ich wollte die Zeit auskosten.

Schließlich löste ich die Messingklammer, die den Umschlag zusammenhielt. Die Ausstattung und das Aussehen waren sogar noch sorgfältiger, als ich zu hoffen gewagt hatte. Auf dem Einband war das berühmte Bild von Churchill, Stalin und Roosevelt auf der Konferenz von Jalta. Über ihnen ragte ich mit tiefgründiger Miene. Ich war auf vorteilhafte Weise ins Bild collagiert worden. Es hatte den Anschein, als betrachtete ich diese drei Männer nachdenklich und mit einem väterlichen Ausdruck. Mein dunkelblondes Haar war kurzgeschnitten, aus der Stirn gekämmt und zerzaust wie bei einem Jungen. Meine Nase war schmal, und mein linker Mundwinkel hatte etwas Ironisches. Der maßgeschneiderte Anzug stand mir gut.

Ich nahm den Schutzumschlag ab und musterte die Ausgabe. Ich machte die Hülle wieder ums Buch herum, öffnete es und blätterte es langsam durch, fand bestimmte Sätze und las sie.

In dieser Schrift, »Das besetzte Island. Umwälzung einer Gesellschaft«, beschreibe ich, welche umfassenden Veränderungen, gesellschaftlicher und politischer Art, es meiner Auffassung nach mit sich brachten, daß Island im Frühjahr 1940 von den Engländern besetzt wurde. In einem berühmten, aber umstrittenen Kapitel schildere ich, welches Schicksal dem Land und dem Volk von den SD-Truppen Reinhard Heydrichs bereitet worden wäre, wären sie vor den Engländern hierher gekommen. Seinerzeit hielt man meine Forschungsergebnisse hierzulande für etwas unerwartet, und verschiedene Leute, die als einflußreich erachtet wurden, wollten sie nicht hören. Es ist deshalb komisch, daran zu denken, daß zufälligerweise in Großbritannien Interesse an diesem Buch erwachte. Es erschien dort in einer sorgfältigen Übersetzung von Dr. Sara Parkin, und Ausgaben in Sprachen anderer Nationen folgten nach. In Holland, Belgien und Frankreich sprachen Wissenschaftler nur mit Lob über das Buch. Mein Herausgeber in Deutschland, die Universität Heidelberg, hob im Text auf dem Einband besonders hervor, wie herausragend die Übersetzung des Autors sei. Ich übersetzte den Text nämlich selbst. Keine ausländischen Wissenschaftler fochten meine Entdeckungen an, die das Komplott, das die Deutschen gegen die Isländer schmiedeten, betrafen. Ich muß jedoch erwähnen, daß es lange Zeit meine Hoffnung war, daß Rowohlt das Buch in Deutschland herausgäbe. Daraus wurde jedoch nichts. Und vermutlicherweise nur wegen der Schlamperei und der Fehler meines Verlages hier zu Hause. Allein der Gedanke an dieses Versäumnis konnte mir manchmal vor Zorn die Luft ausgehen lassen.

Ich betrachte dieses Buch, »Das besetzte Island. Umwälzung einer Gesellschaft«, als mein Opus magnum. Ich würde es so gerne vorlegen können, um meine Aussage zu stützen.

Ich steckte das Buch wieder in den Umschlag. Ich schob es vor bis an die Ecke des Schreibtisches, die der Tür am nächsten war. Dort konnte ich das Päckchen leicht im Auge behalten, auch wenn ich bei der Arbeit saß. Gerade wollte ich meinen Computer anschalten, um einen kleinen Artikel zu verfassen, als ich hörte, daß sich die Haustür öffnete und jemand die Treppe heraufkam. Ich kannte die Schritte, auch wenn ich auf die Schnelle nicht dahinterkam, wer da ging.

Mein Bruder Eysteinn stand plötzlich in der Tür und sagte: »Ich hab's geschafft.«

Ich schrak auf. »Hast was geschafft?« fragte ich.

»Komm mit, Kiddi, und schau es dir an«, antwortete er.

Eysteinn war ordentlich gekleidet. Nun wurde es klar, was Mama mit meinen alten Sachen machte. Er trug den grauen Sommermantel mit großen hellbraunen Knöpfen. Ich sah weder Hose noch Schuhe wegen des Schreibtisches, aber zweifellos wäre mir beides bekannt vorgekommen. Ich betrachtete sein Gesicht. Er trug den Scheitel links, wie schon immer, der lange dunkelblonde Pony fiel in die Stirn. Seine Nase ähnelte der meinen, feingezogen und mit einer scharfen Spitze. Seine trockene Haut war bräunlich aber uneben durch Pickelnarben. Die Augen waren ernsthaft, strahlten aber vor Glück, was ungewöhnlich war. »Sag' mal, wo hast du denn diese schönen Klamotten her?« fragte ich.

»Von Mama.« Er lächelte. »Kommst du denn jetzt mit?«

»Mit wohin?« Ich war widerwillig, hatte mich kaum von dem Schock erholt, ihn zu sehen.

»Nach Hause, in den Vatnsstigur 1.« Eysteinn tat, als sei nichts selbstverständlicher.

Ich schloß die Augen für einen Moment, dann sagte ich: »Ich bin seit fast zwei Jahrzehnten nicht mehr dort gewesen, und dir ist vollkommen klar weshalb.«

»Ich wollte nicht das ganze Haus«, sagte er großspurig. »Ich sagte zu Mama, daß wir es unter uns Brüdern aufteilen sollten. Ich schlug sogar vor, daß du das untere Stockwerk bekommen solltest, oder das Haus zu verkaufen, aber sie wollte nichts davon hören. Sie sagte, ich solle von der Miete der unteren Wohnung leben.«

»Oh, wie wunderbar. Von der Miete der unteren Wohnung leben, du Glücklicher«, sagte ich und lachte laut.

»Ich bin doch so unpraktisch«, murmelte er, »außerdem muß ich auch alleine wohnen, ich kann nicht anders, das weißt du, Kiddi.«

»Wir haben seit nunmehr fast 16 Jahren nicht mehr miteinander gesprochen«, sagte ich, »aber dennoch nehmen wir den Faden wieder genauso auf, als hätten wir uns gestern das letzte Mal gesehen. Von der Miete leben. Hat die untere Etage nicht unbeheizt leer gestanden und ist verfallen? Aber gut, lassen wir das Herumnörgeln.« Ich stand auf und schaltete den Computer aus.

»Ja«, sagte er, »es stimmt. Das ist alles vorbei und vor langer Zeit geschehen.«

»Genau!« sagte ich verärgert.

»Willst du nicht auf einen Sprung mitkommen?« sagte er bittend. »Ich muß jemandem zeigen, was mir gelungen ist.«

Ich nahm meinen Mantel vom Haken und setzte den Hut auf. Eysteinn wich aus der Tür zurück und ging vor mir die Treppe hinunter. Die dicke alte Esche im Garten ruderte im Wind, und das Laub lag durchnäßt und goldbraun auf dem Bürgersteig und im Gras. Den ganzen Morgen über hatte es geregnet. Kalte Schauer. Der Winter stand bevor. Als wir hinaus auf die Straße kamen, lächelte ich ihm zu, er lächelte zurück. »Gut, Eysteinn, wohin jetzt? Wohl kaum ins Kino?«

»Nein«, sagte er, und sein Lächeln wurde breiter, »nach Hause in den Vatnsstigur 1.«

Wir gingen los und liefen eine Weile schweigend.

»Wie ist es dir so ergangen?«

»Naja, ganz passabel«, antwortete ich kurz.

II

Gehen wir in die Vergangenheit:

Ich hatte die Bedingung gestellt, daß sich Eysteinn ab und zu um Mama kümmere, während ich nicht zu Hause war. Über die Jahre hinweg hatte es mich verletzt, wie er sich der Verantwortung entzog. Papa starb 1972. Zwei Jahre zuvor hatte ich mir eine schöne Etagenwohnung in der Holavallagata 15 gekauft. Das hatte mich eine große Anstrengung und viele Opfer gekostet. Ich mußte deshalb Zusatzunterricht und Übersetzungen auf mich nehmen, und die wissenschaftliche Arbeit zögerte sich hinaus. Als mein Vater starb, zog meine Mutter zu mir. Ich hatte damals gehofft, daß das alte Haus am Vatnsstigur verkauft würde, was es mir leichter gemacht hätte, meine Schuldverpflichtungen einzuhalten. Aber in den nächsten Jahren mußte ich zusehen, wie dieses stattliche Wellblechhaus verfiel. Gewiß mag man zwar sagen, daß meine Mutter in der Holavallagata den Haushalt führte, aber im Gegenzug dafür sorgte ich für unseren Unterhalt.

Die ganze Zeit hatte mein Bruder Eysteinn sich hinter meinem Rücken verkrochen. Wenn er in der Schule nicht Hilfe von mir zu erwarten gehabt hätte, wäre er umgebracht worden. Er war einer von diesen Freaks, die immer außen im Gang herumhängen und nie jemanden ansprechen. Solchen Typen kann man nichts Schlimmeres antun, als sie anzusprechen. Dann werden sie rot und stammeln. Aber dennoch entgeht solchen Vögeln wenig. Sie belächeln manchmal verschlagen verschiedenes im Leben der Menschen.

Wir Brüder arbeiteten einmal einen Sommer lang zusammen. Das war 1962, in der Ferienarbeit für Jugendliche. Wir bekamen den Lohn spät am Freitag bar ausgezahlt. Hätten wir einen Scheck bekommen, dann säße ich heute nicht hier und würde diesen Bericht verfassen, denn auch wenn unsere Mutter sorgsam darauf achtete, daß nahezu jeder einzelne Öre auf das Sparkonto gelegt wurde, konnte keine menschliche Gewalt es verhindern, daß wir ins Kino gingen, wir Brüder, bevor sie uns den Umschlag abnahm.

Ich war es, der nicht von diesen Ausflügen ließ. Eysteinn war solch eine Memme, daß er mit dem Lohn gleich nach Hause stürzen wollte.

»Was ist los, Mann?« hab ich dann immer gesagt. »Los, ich schmiere dir Brillantine ins Haar und kämme dir eine Spitze. Komm mit ins Hresso, wir holen uns 'ne Kola und schauen uns die Bienen an. Hör auf daheim 'rumzuhängen und Plastikmodelle zusammenzuleimen.« Auf diese Weise verhöhnte ich meinen kleinen Bruder. Er gab sich immer mit dem Modellbau zufrieden, leimte Katalina-Wasserflugzeuge aus Plastik zusammen, baute komplizierte Burgen aus Streichhölzern und Balsaholz. Er war so geschickt, daß es sogar möglich war, die Zugbrücke vor herankommenden Rittern herunterzulassen. Einmal trat er im Kinderfernsehen auf mit seiner Sammlung. Wenn Uneinigkeit aufkam, welchen Film wir anschauen sollten, war ich es, der entschied. Ich glaube mich zu erinnern, daß es meine Schuld war, daß wir losgingen, um »Die Zeitmaschine« anzuschauen, die in diesem Sommer im Alten Kino gezeigt wurde.

»Kristjan«, fragte Eysteinn auf einmal, »wolltest du schon mal zurück in die Zeit fahren können und etwas verändern?«

»Du selbst hast dich jedenfalls bislang nicht viel verändert, soviel ist klar«, sagte ich und lachte. »Immer noch die gute alte Zeitmaschine. Doch, mein Freund, die Zeit verändern, wollen wir mal sehen.« Ich begann Faxen zu machen und galoppierte einige Schritte den Gehsteig entlang. »Ich würde mich darum kümmern, daß das Christentum nicht ins Gesetz aufgenommen würde. Es leben die heidnischen Götter!«

»Nein, antworte mir im Ernst.«

»Ich werde dir im Ernst antworten«, sagte ich und zeigte auf unser Haus, welches nun unten in der Straße zu erkennen war. »Siehst du diese Hütte dort, Vatnsstigur 1. Ich würde mich in die Zeit zurückspulen, das Wellblech mit Mennige grundieren und dann anmalen, damit die Bude nicht zusammenfällt.«

»Nein, hör' auf damit. Ich frage im Ernst. Ich will es unbedingt wissen, bevor wir weitergehen.«

Wir standen auf dem Gehsteig vor der Treppe zum Vatnsstigur 1. Auf der Esja war in der Nacht Schnee gefallen. Draußen im Videyjarsund lag ein Öltanker vor Anker. Ohne das geringste dazuzutun, um jenes Bild hervorzurufen, ging ich in Gedanken über eine Tanzfläche, vierundzwanzig Jahre vorher. Ich führte eine bezaubernd schöne Klassenkameradin über den Tanzboden. Es war Pause, wir waren auf dem Weg zu unserem Tisch. Mitten auf der Tanzfläche stand ein betrunkener Mitschüler und wartete auf mich. Er schien mich nicht vorbeilassen zu wollen, und ich hatte nicht vor auszuweichen. Er grinste unter seiner Studentenmütze. Die Mütze saß ihm schief auf dem Kopf. Ich sah sofort, daß er sich darauf vorbereitete, etwas Verletzendes zu sagen. »Doch, Eysteinn, ich hätte nichts dagegen, mich auf der Stelle in der Zeit zurückzuwenden und jemandem ordentlich eins aufs Maul zu geben. Besonders einem, er hat es wirklich verdient.« Ich wunderte mich über die nachdrückliche Betonung in meiner eigenen Stimme.

Bei diesen Worten stellte sich Eysteinn vor mich hin, legte mir beide Hände auf die Schultern, sah mir in die Augen und sagte: »Kristjan, ich habe fast ein Vierteljahrhundert über diese Dinge nachgedacht. Was also auch geschieht, was auch vorkommen mag, versprich mir, nie dieser Versuchung zu erliegen!«

III

Wie ich schon vorher im Verhör erwähnt habe, schrieb ich als Nebenbeschäftigung, zusätzlich zu meiner schriftstellerischen Tätigkeit und dem Unterricht an der Universität, feste Kolumnen in Tageszeitungen über die Geschichte des Landes und des Volkes. Ich bin Historiker. Ich habe viele polemische und ironische Gefechte auf dem Papier ausgetragen, denn verschiedene Leute haben sich dazu berufen gefühlt, mir mein Fach beizubringen, und es wäre unnötige Bescheidenheit, wenn ich nicht anspräche, daß im allgemeinen andere als ich im Nachhinein klüger aus diesen Konflikten hervorgegangen sind. Aus gegebenem Anlaß möchte ich dennoch bemerken, daß ich nie eine Neigung für die Dichtkunst verspürte. Es ist die Wissenschaft, die mich in erster Linie in ihren Bann gezogen hat.

So geschah es 1967, in dem Jahr, in dem ich das Abitur abschloß, daß der Chefredakteur der Schülerzeitung mich ins Gespräch zog und mich um Material für die Zeitung bat. Er sagte, ein Althingsabgeordneter, ein alter Schüler der Schule, hätte ihm einen kleinen Aufsatz versprochen, aber sein Wort nicht gehalten. Material hatte ich zwar zufälligerweise, einen alten Schulaufsatz über die Poesie Einar Benediktssons, aber ich wollte ihn eigentlich nicht aus der Hand geben. Mir schwante, daß er voller Fehler sei, aber das Verlangen danach, meinen Namen gedruckt zu sehen, war stärker als alle Vernunft.

Im selben Augenblick, als mir die Zeitung in die Hände kam, wußte ich, daß ich einen Fehler begangen hatte, und am Abend zahlte es mir der verdammte Chefredakteur auch heim. Ich hatte mir mit meinen Kameraden einige Flaschen genehmigt. Ich erinnere mich, daß eine davon Genever war. Es machte Spaß, Alkohol zu probieren in jenen Tagen. Ich erinnere mich, wie mir Wogen der Freude zu Kopf stiegen, als ich in die Hitze im Hotel Borg kam. Dort wurde der Abschlußball gehalten. Ich war ganz aufgedreht vor Heiterkeit und griff mir eine Schönheit aus der Klasse unter mir, auf die ich schon lange ein Auge geworfen hatte, und schleppte sie mit zum Tanzen. Sie strahlte, sie war total in mich verschossen. Als die Runde vorüber war, sah ich, wie der Chefredakteur dastand und mich mit einem zweideutigen Blick anschaute. Hinter seinem Rücken stand ein Mädchen, noch schöner als das, welches ich führte. Sie und der Chefredakteur waren schon lange zusammen. Oft habe ich im Lauf der Jahre darüber nachgedacht, was sie wohl an diesem Typen fand. Sie gaben an jenem Abend ihre Verlobung bekannt. Er wurde Apotheker nach vielen Jahren beschwerlichen Studiums. Sie alterte schnell. Üblicherweise war er auf allen Tanzveranstaltungen in der Schule sehr betrunken. Die seltenen Male, die ich an die beiden denke, habe ich sie nie anders vor mir gesehen, als wie sie gerade ihrem Mann hilfreich zur Seite steht, während er bewußtlos auf einen Tisch mit Tischdecke vorgebeugt daliegt. Die Lichter im Saal sind angegangen, die Leute sind auf dem Weg nach draußen, und die Kapelle hat begonnen zusammenzupacken. Wir hatten wenig miteinander zu tun im Lauf der Jahre. Er grinste, wenn wir uns selten einmal auf der Straße begegneten.

Ich hielt mein Mädchen fest bei der Hand und blieb im Gang stehen. Er ging auf mich zu. Ich warf mich in die Brust, wie ein Idiot. Ich schien mir sicher zu sein, daß er kommen wollte, um mir zu meinem Aufsatz zu gratulieren. Ich hätte es besser wissen können. Das war ein Fiesling. Er hatte meine

Schrift hoch gelobt, als er daheim im Vatnsstigur 1 auf meinem Bett saß und sie durchlas: »Das ist ausgezeichnet, Mann, das ist astrein.« Er hatte alle meine Zweifel mit seinem Lob zerschlagen. Aber jetzt sah die Sache anders aus. Das wußte ich sofort, als er fast bei mir angelangt war. Wie konnte ich nur so naiv sein? Er blieb vor mir stehen und zupfte ein paarmal frech an meiner Krawatte. Er hatte seine Studentenmütze abgenommen, einen grotesk wirkenden Hut aufgesetzt und war vom Trinken ganz rot im Gesicht. Er sagte: »Ganz fürchterlich fand ich diesen Aufsatz von dir, echt schlecht, Mann. Ich schäme mich dafür, ihn veröffentlicht zu haben.« Er zupfte unaufhörlich an meiner Krawatte und sprach weiter: »Er ist Unsinn. Jetzt stehst du vollkommen schutzlos da: Stjani, der Prahler. Ich veröffentlichte ihn nur, um dir deine Großschnäuzigkeit auszutreiben. Du hast dir immer eingebildet, etwas zu Besonderes zu sein, um mit einem zu sprechen.« Er deutete mit dem Zeigefinger an seinen Kopf und ließ ihn an den Schläfen kreisen: »Ganz leer hier«, und meinte damit mich.

Sein Mädchen kicherte. Sie hieß Thyri. Ich brannte vor Schmerz und Scham. Mein Mädchen kicherte ebenfalls, als ich sie ansah. Ich fühlte, wie ich trotz des Alkohols errötete. Ich versuchte, mich männlich zu geben, mich so zu verhalten, als wäre nichts. Ich löste seine Hand von meiner Krawatte und sah meine Tanzpartnerin von der Seite her an. Sie kicherte noch immer und hielt sich die Hand vor den Mund. Ich war kurz davor, vor Wut zu heulen. Ich wollte den Chefredakteur anspringen. Ich wurde so gereizt, daß es mir egal war, was mich erwartete. Da dröhnte im Saal ein Lied von der Band Monkeys und die Leute stürzten auf die Tanzfläche. Ich flüchtete.

Ich war entkräftet und zitterte vor Haß. Meine Augen wurden feucht vor Wut. Was mir als erstes in den Sinn kam, war, nach Hause zu eilen. Allein sein. Ich setzte mich in eine Ecke und brauchte lange, um mich zu erholen. Ich zog den Luftballon, welchen ich mit Schnaps gefüllt hatte, aus dem Hosenbund hervor und stahl mir in meiner Verwirrung ein halbes Glas Cola, welches dort auf einem Tisch stand. Ich drehte mich mit dem Ballon unter der Jacke um und nagte ein Loch hinein, so daß der Geneverstrahl in zwei Richtungen schoß. Es gelang mir schlecht, ihn in das Glas zu lenken. Ich versuchte, ein größeres Loch hineinzubeißen, aber es war so schwierig, die Zähne durchzumalmen. Ich weitete das Loch mit dem Zeigefinger und bekam dann einen recht ordentlichen Schluck ab. Ich schüttete ihn in mich hinein. Mir war übel vor Nervosität. Dann fühlte ich, wie der Alkohol den Magen erhitzte und die Nerven zu genesen begannen. Irgendein Schulkamerad kam daher und wollte mir einen Schluck abgeben. Ich trank von seinem Glas, und er begann, mir eine lange Geschichte zu erzählen. Er war das erste Mal an ein Mädchen herangekommen, und aus diesem Grund hatte er eine Unmenge an Kondomen gekauft. Er ließ sich lange darüber aus. Ich hörte nur die Hälfte der Geschichte, schließlich war ich noch ganz verwirrt. Dann kam das Mädchen, mit welchem ich getanzt hatte, zum Tisch. Sie setzte sich hin. »Nein, hier kommt ja das berühmte Freudenmädchen«, sagte mein Kamerad und trank von seinem Glas. »Hör' mit diesem Gelaber auf und verpiss' dich«, sagte ich. »Du bist sehr süß, wenn du rot wirst«, sagte sie. »Verzeih' mir, daß ich kichern mußte.«

Sie nahm mich mit zu sich nach Hause.

Ich wurde von Wohlbefinden und Dankbarkeit erfüllt, wenn ich an sie dachte.

»Oh«, sagte ich zu meinem Bruder Eysteinn, »wenn ich wirklich in der Zeit reisen könnte, glaube ich, ich würde am liebsten mit Papa diskutieren und zusehen, daß er seine Sachen so regelte, daß mir etwas vermacht würde.« Eysteinn sah mich traurig an, ich schlug ihn im Spaß richtig fest auf den Rücken: »Komm Mann, ich hab' nur gescherzt.«

Eysteinn steckte den Schlüssel ins Schloß und trat zweimal richtig fest gegen die Tür. Sie sprang auf, und ein Modergeruch kam uns entgegen.

»Junge, was ist denn das? Lüftest du denn niemals?«

»Doch, das kommt schon vor, aber es ist schon so ewig lange her, seit der Strom und die Heizung gesperrt worden sind.«

Ich öffnete die Tür zur Wohnung im Erdgeschoß und sah ins Wohnzimmer hinein. Es war offensichtlich, daß darin schon lange nicht mehr geheizt worden war. Die Jutetapete an der Decke beulte sich. Mein Bruder Eysteinn stand auf der Treppe und wartete auf mich. Ich ging ihm nach oben nach. Die Jutetapete im Gang beulte sich genauso. Ich blieb auf der Treppe stehen und klatschte mit der linken Hand gegen die Beule, sie breitete sich wellenförmig aus. »Hör' mal, laß den Strom und die Heizung wieder anstellen, Junge. Ich leih' dir auch das Geld.«

Eysteinn murmelte etwas. Wir standen auf der Treppenkante im oberen Stock. Dort war keine Tür in den Angeln, und man sah direkt ins Wohnzimmer. Ich ging hinein. Von den alten Möbeln war nichts zu sehen. In einer Ecke lag eine verdreckte Matratze, und viele Decken lagen unordentlich am Kopfende. Ich hatte gehofft, Dutzende von Handwerksarbeiten zu sehen, aber nichts dergleichen war sichtbar. Auf einem wackeligen Tisch am Fenster war das eine oder andere Eßbare: offene Konserven, eingeschweißtes Brot, ein Sauermilchkarton, eine Kaffeepackung. Auf der Herdplatte standen eine Kaffekanne und zwei Kasserollen, die eine halbvoll mit hartgewordenen Spaghetti. Die alten Kronleuchter waren verschwunden, er hatte sie wahrscheinlich verkauft, die Birnen hingen am Kabel von der Decke. Unter dem Tisch befand sich ein Haufen Müll: Konservendosen, grüne Sauermilchkartons mit einer braunen Schicht an der Öffnung. »Trennst du dich nie vom Müll, wie andere Leute?« fragte ich.

»Doch, ich räume ihn raus in die Tonne, dann und wann«, antwortete er zerstreut und neigte den Kopf, so daß sein Haar auf die Seite fiel. In der Mitte des Wohnzimmerbodens stand ein formloses Etwas unter einer weißen Decke. Er ging hin und begann, die Decke vorsichtig herunterzuziehen. Er mußte dabei hin und her gehen, da sie an manchen Stellen festsitzen wollte. Ich lachte kühl, als ich das Ding auf dem Boden sah. »Meinst du also«, sagte ich, »daß, während andere Leute für ihren Unterhalt arbeiten müssen, du dein Leben daran verschwendet hast?«

»Sie funktioniert, Kristjan, sie funktioniert. Es hat mich 25 Jahre gekostet, das Prinzip für das Gesetz zu finden, aber es hat geklappt.«

»Ja, ist das wirklich so?« sagte ich ironisch, denn was hätte ich sonst davon halten sollen. Vor uns auf dem Boden stand eine Nachbildung der Zeitmaschine. Auch wenn ein Vierteljahrhundert vergangen war, seit wir den Film im Alten Kino gesehen hatten, erkannte ich sie sofort. Ich ging einmal ringsherum. »Ein Modell der Zeitmaschine. Soso.«

»Ja, aber der Unterschied ist der, daß meine funktioniert.« Mein Bruder Eysteinn betrachtete seine Arbeit schüchtern. »Ich testete sie zum ersten Mal heute morgen, bevor ich zu dir kam.«

IV

Ich hob den Arm und deutete: »Was für ein Irrsinn!«

Vom Ausehen her erinnerte die Zeitmaschine am ehesten an eine protzige Pferdekutsche ohne Gespann. Hinter dem Sitz befand sich ein großer, vergoldeter Kupferschild, welcher an einen aufgespannten Fallschirm erinnerte. Vor dem Sitz war eine schwarze, lederverkleidete Tonne, das Leder mit Kupfernägeln angenagelt. Der Sitz war für zwei Personen und mit rotem Plüsch bezogen. Vier Meßinstrumente befanden sich auf dem Armaturenbrett. Das erste zeigte Tage, das zweite Monate, das dritte Jahre und das vierte Stunden. Kein Steuerknüppel war zu sehen. Die ganze Maschine war blitzblank und glänzte. Unter den Meßinstrumenten stand auf einer ovalen Messingplatte: Made by Eysteinn Adalsteinsson.

»Ich entwarf die Maschine wie die, die wir einst im Kino sahen, um H. G. Wells meinen langjährigen Respekt zu zollen.« Eysteinn zog sich den Mantel aus. Er bat mich, ihm zu helfen, die Maschine näher ans Fenster zu rücken.

Das war eine leichte Arbeit, sie rutschte auf dem glatten Linoleumboden.

»Warte einen Augenblick«, sagte er, »ich muß bloß schnell was holen.«

Ich ging zum Fenster und stützte die Knöchel auf das Fensterbrett. Das Haus stand an der Ecke Skulagata und Vatnsstigur, fast ganz unten am Meer. Rechter Hand war ein großes, ödes Grundstück, welches die Dampfschiffahrtsgesellschaft besaß. Über Nacht hatte es auf der Esja geschneit. Draußen im

Videyjarsund lag ein Öltanker vor Anker. Über Kjalarnes hing eine schwarze Wolkenfront, das Schneetreiben näherte sich dem Öltanker.

»Gut«, sagte Eysteinn sanft hinter mir. Ich hatte ihn nicht kommen hören. Er saß am Steuer, wenn man es so nennen will. Er hielt einen schneeweißen Knüppel in der rechten Hand, schätzungsweise 20 Zentimeter lang. Er steckte ihn in ein dazu gefertigtes Loch in der schwarzen Tonne und drehte ihn drei- bis viermal, bis er fest saß. Er griff an den Steuerknüppel, es ruckelte, und gleichzeitig erwachte die Maschine zum Leben. Lichter gingen hier und da an, es blinkte fahl auf den vier Meßinstrumenten: 26. September 1991. 14.36 Uhr.

»Willst du nicht den Mantel ausziehen und ihn neben dir auf den Sitz legen?« fragte er.

»Ach nö, mir ist kalt.« Mir war unbehaglich zumute. Er war verrückt geworden. Im selben Moment, als ich mich an Bord setzte, bemerkte ich, daß ich das Päckchen mit meinem Buch in Händen hielt. »Ach, verdammt, ich hab das Buch mit dabei. Es ist unglaublich, wie es mir am Herzen liegt.« Ich setzte mich an seine Seite mit dem Päckchen im Schoß.

»Jetzt paß auf«, flüsterte Eysteinn. »Jetzt wird der große Bruder staunen. Es hat heute nacht auf der Esja geschneit, nicht wahr?« Ich nickte. Eysteinn nahm die Stange und zog sie langsam an sich. Der Schild hinten begann sich mit einem singenden Laut zu drehen. Ich spürte, wie ein leichtes Zittern die Maschine durchfuhr, es dämmerte im Wohnzimmer, dann kam eine tiefdunkle Schwärze. Ich stand zur Hälfte auf, die Ampeln in der Skulagata wurden zu einer Lichterkette, ich setzte mich, griff mit der einen Hand an den Sitz und tastete in die Luft hinaus. Schließlich kam grauer Tag. »Siehst du?« sagte er mit zitternder Stimme und deutete: »Siehst du den Berg?«

Ich schaute auf die Esja. Sie war ganz bloß. Es war kein Schnee zu sehen.

»Wir sind 24 Stunden in die Zeit zurückgereist. Als wir losfuhren war der 26. September.« Eysteinn zeigte auf die Anzeige, ich schaute hin. Dort stand: 25. September 1991. 13.05 Uhr.

Ich stieg aus der Zeitmaschine und ging zum Fenster. Ich sah die Esja an. Der Berg war völlig bloß. Im Sund war kein Öltanker zu sehen. Ich sah eine ganze Weile dorthin, wo das Schiff vor Anker gelegen hatte. Dann drehte ich mich zu Eysteinn. Ich muß einen idiotischen Anblick abgegeben haben.

»Geh' nicht weit«, sagte mein Bruder Eysteinn stolz, »wir wollen keine Experimente mit der Vergangenheit.«

»Hör' mal Kumpel«, sagte ich, »was ist hier los?«

»Nichts außer dem, was du selber siehst«, antwortete er. »Es hat mich ein Vierteljahrhundert gekostet, herauszubekommen, wie man es machen muß, aber es ist gelungen.«

»Und was war die Lösung?«

»Das sage ich nicht. Aber sie war lächerlich einfach, als ich schließlich auf sie gestoßen war.«

Ich setzte mich wieder auf den Sitz. »Fahr' vor in die Zeit«, schlug ich vor.

Er umgriff mit Vorsicht den Hebel. Es dämmerte, wurde erneut dunkel, und als er anhielt, hatte Schneegestöber die Bucht draußen erreicht. An Bord des Öltankers waren Lichter angemacht worden. Die Esja konnte man nicht sehen in diesem tiefen Grau, aber die Skulagata entlang zog sich eine Autoschlange im fallenden Schnee. Den ganzen Weg bis zum Höfdi-Haus glühende Lichter, die nur schwer zu erkennen waren. »Ach, ich bin zu weit gefahren«, sagte Eysteinn, »Es ist sechs Uhr. Es ist schon Abend. Setz' dich wieder.«

»Nein, ich muß aus dem Fenster sehen«, sagte ich. Er zog den Hebel, und die Autoschlange schlich rückwärts die Straße entlang. Der Schneesturm ging in die Bucht zurück, und der Öltanker kam zum Vorschein. Die Maschine hielt an, ich ging zum Fenster. Der Schneesturm verlief jetzt wieder in Richtung auf das Schiff. Das Schiff verschwand. Große Schneeflocken schwebten herbei und landeten auf der Fensterscheibe.

»Nun, worauf warten wir beiden Brüder eigentlich? Eins, zwei und drei, Mann. Für das, was wir anstellen können, gibt es keine Grenzen. Schauen wir uns die Landnehmer an. Wer ist der Autor der Njals Saga? Komm, wir flitzen vor zum Samstag und gucken auf die Lottozahlen. Wir nehmen uns den Jackpot. Wir könnten sie ausplündern, Jahr für Jahr, und niemand könnte etwas beweisen. Ha, ha«, ich lachte überspannt, »nein, die ideale Gelegenheit, um das eine oder andere in der Geschichte der Menschheit zu betrachten. Oh, verdammt, Junge, ha, ha, ha.« Ich lachte und schlug mit der geballten Faust auf den Sitz.

»Ich bin aber noch nicht weiter gefahren als diesen Abstecher von 24 Stunden vorhin«, sagte Eysteinn ängstlich. Er sah mich an. »Ich weiß nicht, ob ich mich aus der Maschine trauen würde. Es ist ja ganz ungefährlich, sowas im Kino zu sehen, aber die Wirklichkeit ist doch etwas anders. Wir müssen überaus vorsichtig vorgehen. Ich war im Zweifel darüber, ob ich es jemandem sagen sollte, daß mir das gelungen ist. Ich kam zu dir, weil ...«, er zögerte. »Ja, wir sind doch Brüder. Ich hab Angst, Kristjan.«

»Na, wozu hast du die Maschine denn gebaut, Mann?« fragte ich.

»In erster Linie war es vielleicht das Verlangen, das Rätsel zu lösen.«

»Erzähl' keinen Quatsch, Junge«, sagte ich. »Dein ganzes Leben lang hast du Angst gehabt. Angst! Angst wovor?«

»Und was, wenn uns die Wikinger angreifen?« sagte er. »Was glaubst du wohl, wie wir mit ihnen reden könnten? Was, wenn wir uns den Schwarzen Tod holen?«

»Wir halten die Maschine nicht an, bevor wir nicht sicher sind, daß niemand in der Umgebung ist. Unglaublich, dieses Gerät. Es ist möglich, die Geschichte der Menschheit zum Besseren zu ändern, sie nach Belieben zu prägen. Die Möglichkeiten sind unerschöpflich.«

»Dessen bin ich mir nicht so sicher«, sagte er. »Wir sollten nicht zu weit fahren.«

»Gut jetzt. Los geht's, Junge.«

»Ach, ich glaube eher nicht«, sagte er ängstlich. »Später.«

»Keinen Blödsinn, Kumpel. Los geht's. Wir wollen uns bloß umschauen. Ich verspreche auch, nicht von Bord zu gehen.«

»Dann müssen wir sie runter in den Keller tragen. Wenn wir weiter fahren als in die Erbauungszeit des Hauses, laufen wir Gefahr, einige Meter zu fallen, wenn der Boden unter uns verschwindet.«

»Hör zu.« Ich gab nach. »Wenn du es später versuchen willst, dann bestimmst das natürlich du.«

»Nein«, sagte er. »Ich glaube nicht, daß es sich lohnt zu warten. Zu irgendetwas muß ich die Maschine ja gebaut haben, das ist wahr.«

»Das Haus ist auf Fels gebaut«, sagte ich, »und der ist niemals mit Dielen verkleidet worden. Der Fels hat sich in Jahrtausenden nicht verändert. Wir sollten dort eigentlich sicher sein.« Ich stieg aus der Maschine, zog mir den Mantel aus und legte ihn vor mir auf den Sitz. Wir schoben die Maschine aus dem Wohnzimmer über die Schwelle, hinaus auf den Treppenabsatz. Dann gingen wir auf die Treppe. Ich ging vor. Die Maschine wog schätzungsweise hundert bis hundertzwanzig Kilo, und es fiel mir überaus schwer, vor und unter ihr zu stehen. Wir ließen sie langsam die Treppe hinunter zur Kellertür im Gang. Sie ging gerade noch durch. Wir bewegten sie Stufe um Stufe abwärts. Er hielt sie hinten, ich jedoch stand unter dem schwereren Ende.

Im Keller war beträchtlich viel Gerümpel. Wir mußten erst aufräumen, bevor die Maschine überhaupt Platz in der Waschküche hatte. Die Möbel von Papa und Mama waren hier heruntergetragen worden. Sie waren, milde ausgedrückt, in einem miserablen Zustand. Niemals hatte Mama ein Wort darüber verloren, wenn sie überhaupt davon wußte. Ich hätte manche dieser Stücke gerne gehabt, aber Mama war immer ausgewichen. Nichts durfte Eysteinn entgehen. Aber das war jetzt egal. Ich hatte die Hände so gut wie voller Geld. Ich würde tippen, selbst wenn ich Fußball todlangweilig fand. Und öfter als einmal. Ich lachte. Eysteinn sah mich an.

»Laß uns losdüsen, Jonas Hallgrimsson treffen und mit dem Dichter anstoßen«, sagte ich.

»Du hast versprochen, nicht von Bord zu gehen.« Eysteinn stand die Hände in die Hüften gestützt da und keuchte vor Erschöpfung.

»Ja, ja«, sagte ich, »und dazu stehe ich, Mann.« Ich setzte mich. »Los geht's.«

Dicht unter der Zimmerdecke war ein kleines Fenster. Ein anderes Licht gab es dort unten nicht. Die Fassung war leer. Eysteinn nahm den Knüppel aus der Gesäßtasche, schlug ihn in seine Handfläche und sagte: »Na gut, eins, zwei und drei.«

Er zog an ihm, so daß man ein Klicken hörte, dann erwachte die Maschine zum Leben. Er sah mich unentschlossen an. »Alles in bester Ordnung«, sagte ich.

Er zog am Steuerknüppel.

Das gleiche leichte Zittern durchzog die Zeitmaschine. Angst befiel mich. Es war mir lange Zeit unmöglich, mich von ihr zu befreien. Das Fenster blinkte schnell, das Zimmer leerte sich hastig, eine Waschmaschine und ein Trockner erschienen und verschwanden wieder, Schatten zogen vorbei, das mußte Mama sein, oder die Frau, die das untere Stockwerk jahrelang gemietet hatte, eine Birne kam in die Fassung, schließlich war außerhalb der Maschine nichts anderes zu sehen als ein grauer Nebel. Es gelang mir, das Angstgefühl zu überwinden, es veränderte sich schnell in Glückseligkeit. Wir beide schienen mir gottgleich. Vereint saßen wir da und boten den Gesetzmäßigkeiten der Zeit Schach. Innerhalb eines kurzen Augenblicks verschwand das Haus über uns, und wir waren in der Sonne gebadet, die schnell über den Himmel zog. Die gemauerten Kellerwände wurden immer niedriger, bis sie verschwanden. Ich sah auf die Jahreszahl. Dort stand 1902. Eysteinn streckte sich nach dem Steuerknüppel. Ich nickte. Die Zeitmaschine erhöhte die Geschwindigkeit. Am Tag war die Bahn der Sonne wie ein brennender Strich über den Himmel, nachts trat an ihre Stelle der Mond und bildete einen rosa Bogen. Der Keller verschwand, und der Fels kam gänzlich zum Vorschein. Manchmal, so wie man ab und zu etwas nur halb im Traum wahrnimmt, schien es, als wäre die Bucht voller Segelschiffe. Eine Übelkeit überkam mich. Ich starrte hinaus zu Videy. Sommer und Winter fegten rings an uns vorbei, als ob jemand am Lichtschalter verrückt spielte. Ich sah, wie die Häuser auf Videy sich abtrugen und verschwanden. Plötzlich wurde mir kalt. Ich zog meinen Mantel über die Schultern. Eysteinn zog den Steuerknüppel an sich und erhöhte die Geschwindigkeit. Ich lehnte mich nach vorne und entzifferte mühsam die Jahreszahl. Dort stand 1630. Die Leute vor den Türkenraubzügen warnen, dachte ich mit vollem Ernst. Als ich wieder auf die Anzeige sah, stand dort 1604. Zu spät, dachte ich betrübt.

Etwas haben Zeitreisen an sich, mit dem niemand in der Literatur gerechnet hat. Es geht einem so, als sei man von gutem Wein betrunken. Es waren sicherlich diese Einwirkungen, die Eysteinn mutig machten. Er zog den Steuerknüppel ganz an sich. Ich konnte meinen Blick kaum auf die Zahlen auf den Meßgeräten heften, so schnell rasten sie vorbei. Die Jahreszeiten schossen in Blitzen über uns hinweg, die Himmelskuppel hörte auf zu blinken und nahm eine stetige rosa Färbung an. Ich drehte meinen Kopf und schaute auf meinen Bruder, er blutete aus einem Nasenloch. Ich versuchte, meinen Arm zu heben. Es war, als ob er allein fünfzig bis sechzig Kilo wöge. Endlich spürte ich den Steuerknüppel und schob ihn schnell nach vorne. Die Jahreszahl kam zum Vorschein. Dort stand 1083. Die Zeitmaschine blieb vollends stehen. Es war tiefster Winter. In völliger Windstille fiel ringsum Schnee. Ich fuhr noch ein wenig weiter und hielt im Sommer 1082. Regen platschte auf die Zeitmaschine und ihre Passagiere. Ich umfaßte locker den Steuerknüppel, die nassen Felsen glänzten, wir segelten in strahlendes Wetter hinein. Als der Regen aufhörte und die Sonne ringsum schien, brachte ich die Maschine zum Stehen.

Ich hörte einen Regenbrachvogel trillen. Im Gras beim Felsen zitterte Storchschnabel in der warmen Brise. Auf der Anhöhe um uns herum wuchs Beerenkraut, und es war alles voller Blaubeeren. Ich nahm den Mantel von meinen Schultern und trocknete mit dem Ärmel das Blut von Eysteinns Oberlippe. Er rührte sich nicht. Ich lehnte meinen Kopf an seine Brust und hörte, daß das Herz schlug. Es tropfte aus dem einen Nasenloch. Ich stieg aus der Maschine, atmete tief durch und schaute um mich herum. Keine Menschenseele war zu sehen, zum großen Glück. Ich stieg vom Felsen herab, pflückte einige Beeren in meine Hand und versuchte sie. Als ich aufstand, sah ich eine Rauchsäule da zum Himmel steigen, wo jetzt der Hafen Sundahöfn ist. Ich bekam ein Prickeln im Magen. Wie würden wohl die Menschen aussehen, die jetzt Island besiedelten? Ich spähte umher, nirgendwo gab es Zeichen menschlicher Besiedlung, und es war auch kein Rauch zu sehen außer im Sund. Die Anhöhe, Skolavörduholt, war baumlos, aber mit Gras bewachsen. Ich betrachtete für eine Weile die Rauchsäule. Sollte ich mich zum Strand hinunter wagen? Es waren schätzungsweise dreißig Meter dorthin. Ich ging vor auf den Fels. Eine Eiderente flog auf. Ich ging die kurze Strecke zum Strand hinunter. Am Strand war eine beträchtliche Anzahl von Eiderenten. Draußen auf Videy war nirgends auch nur ein Bäumchen zu sehen. Ich stand eine kleine Weile da und schaute auf das klare Meer bei den Felsen am Strand.

Ich schrak zusammen, als Eysteinn rief: »Komm' sofort her, Kristjan, komm auf der Stelle. Kristjan, willst du wohl herkommen.« Er war schrill vor Aufregung.

»Was ist denn das für ein Theater, Mann.« Ich machte mich auf, zu ihm zurückzugehen. »Sei ganz ruhig.«

»Siehst du denn den Rauch im Sund nicht«, rief er. »Komm' auf der Stelle.«

Ich ging zum Felsen und sprang auf die Kante. Eysteinn saß auf seinem Sitz, er hatte das Blut flüchtig mit dem Hemdsärmel aus seinem Gesicht gewischt, und es war auf seiner Wange angetrocknet. »Willst du wohl kommen«, schrie er erregt. »Wir müssen vor die Landnahme zurückfahren.« Ich setzte mich auf meinen Sitz.

Er ergriff den Streuerknüppel, sah sich ängstlich um. Die Maschine fuhr los. Er deutete auf die Anzeige, als das Jahr 1000 vorbeischoß. Im Jahr 963 war es, als ob ein Schatten von Reitern am Felsen vorbeiraste. Er hielt nicht vor dem Jahr 487 an, in strahlendstem Wetter. »Jetzt sollten wir außer Gefahr sein«, sagte er. Gleich östlich vom Felsen, da, wo vorher das Beerenkraut gewesen war, rann nun ein Bach. Er ging dorthin und setzte sich am Ufer ins Gras. Ich setzte mich an seine Seite und verschränkte die Füße unter mir. Wir schwiegen beide eine kurze Weile, dann kniete er an dem Bächlein nieder und begann damit, sich das Blut abzuwaschen. Ich legte mich auf den Rücken und schaute in den wolkenlosen Himmel. Mir kam spontan der Gedanke, daß es das beste für mich wäre, heimzufahren, das Allernotwendigste zu packen, in diese Zeit zurückzukommen und nie mehr zurückzukehren. Ich hatte Durst. Ich wälzte mich auf alle viere, kroch zum Bach und trank. Das Wasser war klar und erfrischend.

»Laß uns hinunter zum Strand gehen«, sagte ich und stand auf. Wir gingen dort gemeinsam hin. Da lag jetzt großes Felsgestein, welches man sechshundert Jahre später nicht sehen konnte. Ich hievte mich auf einen Stein und setzte mich. Aus Osten kam eine warme Brise. Die ganze Umgebung war in Sonne gebadet, und die Stille war so tief, daß das saugende Geräusch der Wellen mich beruhigte. Eine Möwe flog vorbei. Ein Schwarm kleiner Vögel sammelte sich am Strand zu einer Gruppe. Die Wellen kamen wie zögerliche Finger vom Meer und berührten den Sand des Strandes. Er wurde durch dieses Spiel ein wenig dunkler, erblaßte dann aber aufs neue. »Island im Jahre des Herrn 487«, sagte ich.

»Sieh mal«, flüsterte Eysteinn. Ein Seehund steckte den Kopf aus dem Meer und sah zu uns her. Videy zitterte in Luftspiegelungen hinter ihm. Ich saß noch eine Weile in der Schwüle da. »Kristjan«, hörte ich es rufen. Mein Bruder Eysteinn stand neben der Zeitmaschine und winkte mir zu. Ich wurde von Furcht ergriffen. Was, wenn ihm nun einfiele, an Bord zu hüpfen und mich zurückzulassen. Ich lief zum Felsen hinauf. Er saß dort und wartete auf mich. »Ist irgendwas los? Wovor hast du Angst?«

»Nichts«, sagte ich. »Ich hatte nur auf einmal so ein komisches Gefühl. Das ist alles.«

»Was ist das für ein Päckchen, das da auf dem Sitz liegt und von dem du dich nicht trennst?«

Ich lachte: »Das ist mein Buch ›Das besetzte Island. Die Umwälzung einer Gesellschaft.‹ Ich habe es heute morgen mit der Post bekommen. Dieses Buch bedeutet mir sehr viel, es hat mich furchtbar viel Arbeit gekostet. Du hast vielleicht von ihm gehört? Es ist jetzt schon in sechs Sprachen herausgekommen.«

»Nein, ich lese niemals Zeitungen. Aber Mama hat mir die isländische Ausgabe gezeigt.« Ich nahm das Päckchen vom Sitz und warf es ihm zu. »Da, schau.« Ich ging weg, um zu pinkeln. »Eysteinn«, rief ich, »halten wir doch bei der Annahme des Christentums an. Es wäre ein Spaß, wenn uns jemand zu sehen bekäme und zum Thing eilen würde, um dem Ljosvetninga-Goden die Nachrichten zu überbringen. Was, glaubst du, würde der arme Kerl denken? Ja, der würde recht mitgenommen unter seinem Fell stöhnen.« Ich sprang auf den Felsen.

Eysteinn saß da und blätterte im Buch. »Wem zürnten wohl die Götter...«

»...als sie uns diesen Vogel sandten, aus Eisen gehauen«, führte ich zu Ende.

»Ja genau«, Eysteinn stand auf, »das könnte geschehen, und deswegen kehren wir um und schauen uns gar niemanden an.«

»Laß Vorsicht walten im Beisein der Zeit«, sagte ich.

»Komisch, daß du das erwähnst«, sagte er. »Gerade vor ein paar Tagen bin ich über einen Aufsatz von dir in einer alten Schülerzeitung gestolpert. Er hieß ›Laß Vorsicht walten im Beisein der Seele‹.«

»Nein«, sagte ich erstaunt, »das ist ja komisch. Gibt es die Zeitung noch?«

»Sie kam mir vor ein paar Tagen in die Hände, in altem Kram.«

»Ja, was du nicht sagst. Du mußt mir gestatten, in sie hineinzuschauen, wenn wir wieder daheim sind.«

Die Zeitmaschine schnurrte angenehm in steter Geschwindigkeit auf dem Weg durch die Jahrhunderte nach Hause. Ich behielt den Jahreszähler im Auge: Das Jahr 600, nun siedelten hier die irischen Mönche, das Jahr 849, noch ein Vierteljahrhundert bis Ingolfur, das Jahr 1148, der Tod Aris des Weisen, das Jahr 1450, die Korruptionsgesetze. Ich fühlte die Wirkung des Rausches, der mit solchen Reisen verbunden ist. Ich öffnete ein Auge und sah die Jahreszahl 1561. Nach kurzer Zeit stand 1873 auf dem Meßinstrument. Bald tauchte eine Grundmauer rings um uns herum auf. Dann stellte sich im Nu das Haus auf. Eysteinn zog am Steuerknüppel und erhöhte ein klein wenig die Geschwindigkeit. Er war so geübt im Steuern geworden, daß er behutsam am 26. September 1991 stehenblieb. Um halb drei. Auf dem kleinen Fenster lag ein Lichtstreifen. Der alte Hausrat lag auf einem Haufen, genau wie wir ihn zurückgelassen hatten. Meine Benommenheit verschwand in dem Moment, als die Maschine anhielt. »Gott sei Dank, daß wir daheim sind«, sagte Eysteinn.

»Wo ist das Buch?«

»Was?« sagte Eysteinn.

»Das Päckchen mit dem Buch, das ich dir im Jahr 487 zuwarf. Wo ist es?«

»Ach, das hab ich auf dem Felsen vergessen. Ach, entschuldige. Müssen wir umkehren und es holen?«

»Nein, ist schon in Ordnung«, sagte ich verdrießlich. »Das war meine Schuld, ich war mit den Gedanken woanders.«

»Aber dort ist ein Teil der Menschheitsgeschichte niedergeschrieben. Was, wenn es gefunden wird?«

»Gefunden? Von wem?« fragte ich. »Es ist mehr als eineinhalb Jahrhunderte bis zu den irischen Mönchen und sehr unwahrscheinlich, daß diese Verpackung sich bis dahin hält. Das Päckchen ist vor Wind und Wetter ungeschützt. Lassen wir es warten. Wir können diesen Abstecher auch morgen machen, oder ich bestelle ein anderes Exemplar.«

»Es braucht aber seine Zeit, das mit der Post zu bekommen.«

»Ja, ein verdammtes Problem«, sagte ich. »Ich wollte es vor dem Wochenende in die Zeitungen bringen, daß es in noch einem Land herausgekommen ist.«

»Sag doch den Journalisten einfach, daß sie leider kein Bild von dir mit dem Buch im Arm machen könnten, weil es unten am Strand liegt, Anno 487«, sagte Eysteinn und grinste.

»Soll das witzig sein?« sagte ich und ging die Treppe hinauf.

V

Gerade als wir ins Wohnzimmer gingen, sah ich, wie das Schneetreiben zum dritten Mal den Öltanker verdeckte, am 26. September 1991 um 14.35 Uhr. Ich schaute zu, wie die Schneeflocken ans Fenster gefegt wurden. Nach kurzer Zeit sah man kaum noch die Tankstelle auf dem Felsen Klöpp. Ich wendete mich vom Fenster ab und sagte: »Zeig mir die alte Schülerzeitung.«

»Die muß irgendwo sein.« Eysteinn ging hinaus, und ich hörte ihn auf der Treppe. Die Decke über mir vibrierte ein wenig, als er oben auf dem Boden herumging. Er kam gleich darauf wieder und drückte mir die Zeitung in die Hand.

Sie war verschlissen und knittrig. Ich blätterte in ihr herum und suchte nach meinem Aufsatz. Die Gesichter der Schulkameraden, die dort Aufsätze über verschiedene Themen stehen hatten, waren seltsam jugendlich anzusehen. Die Überschriften wirkten belustigend. Ich war scheinbar nicht der einzige Grünschnabel in jenem Frühling. Melancholisch betrachtete ich die Klassenphotos. Auftupierte Mädchen in kurzen Röcken. Jungen mit Frisuren wie Konfirmanden. Die Anzüge standen den meisten schlecht, vereinzelt ein pickliger, langhaariger Revoluzzer. Ich fand meine Klasse. Ich hatte posiert wie ein Superschlauer, »Klassengenie« hatte mich jemand im Spaß genannt. Ich blätterte vor zu einer Überschrift mit riesengroßen Buchstaben, dort war mein Gesicht aus dem Klassenphoto vergrößert: »Laß Vorsicht walten im Beisein der Seele, einige Gedankensplitter über die Dichtung Einar Benediktssons von Kristjan Adalsteinsson.« Ich las hier und da ein paar Sätze in dem Aufsatz.

»Oh, mein Gott«, sagte ich zu meinem Bruder Eysteinn, »was für ein Blödsinn. Ich glaube, ich sollte rasch mit der Zeitmaschine zurückfahren und ihm diesen Aufsatz verweigern. Er ist ein Schandfleck in meinen Gesammelten Werken.« Ich lachte, aber es war mir trotzdem ernst.

»Ach, laß es doch. Es ist dir doch nicht ernst damit, oder?« Er sah mich zögernd an.

»Das wäre was, sich aufzumachen und es ihm heimzuzahlen.«

»Sowas läßt du bleiben, Mann«, sagte Eysteinn empört. »Es ist ein Vierteljahrhundert vergangen. Sowas könnte furchtbare Konsequenzen haben.«

»Ein ordentlicher Kinnhaken würde dem Lumpen nicht schaden«, sagte ich. Wir gingen hinaus, und ich warf die Schülerzeitung auf den Müllhaufen unter dem Tisch beim Fenster. »Gut, fahren wir heim zu Muttern und schlagen uns mit etwas Gutem den Bauch voll.«

Eysteinn sah mich glücklich an: »Meinst du das wirklich?«

»Ist dein Lieblingsessen immer noch gesengter Schafskopf mit Rübenmus?«

»Schafskopf mit Rübenmus«, er nickte, »was Besseres gibt's für mich nicht.«

»In Ordnung, Brüderchen, das ist gut, denn jetzt lädt dein Bruder zu einer Schafskopfparty ein: Versöhnung bei der Familie im Vatnsstigur 1.«

»Und was Gutes zu trinken«, sagte er fröhlich.

»Isländischer Brennivin, sind wir damit nicht gut bedient?«

»Ich hab keinen roten Heller.«

»Gehen wir schnell zum Alkoholgeschäft, mein Freund«, sagte ich. »Laß uns einkaufen gehen. Keine Sorgen ums Geld.« Er ging auf den Treppenabsatz hinaus und kam in einem Kapuzenanorak zurück. Wir gingen die Treppe hinunter, Eysteinn sprang in den Keller, um die Zeitmaschine zuzudecken.

Draußen schneite es. Im Alkoholgeschäft in der Lindargata waren wenig Leute. Ich sah Eysteinn an, er zuckte die Schultern. Der Verkäufer wartete mißmutig. Ich kaufte zwei Flaschen Rotwein und eine mit isländischem Brennivin. Ich bemerkte eine besondere Flasche oben im Regal und zeigte hin: Genever-Hulstkamp. »Siehst du den Schenni, Eysteinn?«

»Es ist lange her, seit man so einen Göttertrank gekostet hat«, antwortete mein Bruder.

Der Verkäufer wurde freundlicher.

»Sollen wir uns eine Flasche mitnehmen, zum Spaß?«

»Schenni soll es sein«, sagte Eysteinn.

»Jawoll.« Der Verkäufer nahm die Flasche herunter und steckte sie in die Tüte zu den anderen.

Wir gingen den Frakkastigur hinauf. Es schneite noch immer. Wir kauften die Schafsköpfe und die Rüben in Lullis Laden an der Hverfisgata. Ich kaufte fünf Köpfe und drei große Rüben. Cola und Limo in einem Kasten, je zur Hälfte. Ich kaufte eine Tüte Konfekt für Mama und ein Stückchen gesäuerten Wal für mich selbst, um daran zu knabbern, während ich mich ums Essenkochen kümmerte. Ich erinnerte mich, wie verrückt Eysteinn in jungen Jahren auf Royal-Karamelpudding gewesen war. Ich schmuggelte zwei Päckchen in den Karton und einen Viertelliter Schlagrahm. Eysteinn stand draußen vor der Tür, mit den Händen in den Taschen, und schaute dem fallenden Schnee zu. Ich bezahlte und bat darum, daß man ein Taxi riefe.

Während wir darauf warteten, daß das Taxi käme, konnte ich nicht anders, als mich darüber zu wundern, daß ich hier stehen sollte, in einem gewöhnlichen Kolonialwarenladen mit Limo, Essen und Alkohol in einem Karton. Ein Mann, der noch kurz zuvor die gleiche Luft geatmet hatte, wie die Männer der Landnahme. »Das Taxi ist da!« Ich stellte den Pappkarton mit dem Essen oben auf den Limokasten und trug beides hinaus zum Taxi. Der Taxifahrer öffnete den Kofferraum.

Er ließ uns an der Ecke Holavallagata Tungata aussteigen. Das war eine Einbahnstraße, und deshalb lohnte es sich nicht, einen Bogen zu machen. Ich war es sowieso gewöhnt, dort auf meinem Heimweg anzuhalten und die deutsche Botschaft anzuschauen. Eysteinn wartete neben mir und hielt den Limokasten. Der Schnee fiel schwer und feucht vom Himmel. Am Morgen des zehnten Mai 1940 war das britische Heer hier heraufgekommen und hatte den Konsul Dr. Werner Gerlach und seine Familie festgenommen.

Das war geschehen: Kurz nach Mitternacht hatten die Nachbarn des Konsuls in der Tungata bemerkt, daß ein schwarzgekleideter Mann herbeieilte und bei Dr. Gerlach an die Tür klopfte. Der Konsul verschwand mit ihm in einem Auto. Gerlach kam bald zurück. Kurze Zeit später sah man im Badezimmerfenster des Konsulats Flammen lodern, und viel Rauch drang heraus. Die Nachbarn glaubten, im Haus sei ein Feuer ausgebrochen.

Dem war jedoch nicht so. Dr. Gerlach und seine Familie waren damit beschäftigt, Akten ins Feuer zu werfen. Als die Briten das Haus besetzten, bemerkten sie das Feuer, und es gelang schnell, es zu löschen. Ich mußte oft an jene Papiere denken, die dort verlorengegangen sein mußten. Der schwarzgekleidete Mann. Gelänge es mir, etwas über diesen schwarzgekleideten Mann herauszufinden, befände er sich am Leben, würde mir vieles klarer, was die Pläne der Deutschen anging.

»Mir fängt an, kalt zu werden«, sagte Eysteinn. Er hielt den Kasten im Arm, weiß auf den Schultern.

»Ja, laß uns gehen«, sagte ich.

VI

Mama wußte nicht, wie ihr geschah, als sie Eysteinn und mich zusammen heimkommen sah. »Was ist passiert?« fragte Mama. »Meine beiden Söhne. Meine beiden Buben.« Mama lief zum Spiegel, um sich die Haare zurechtzumachen. Sie war errötet und glückselig.

»Naja, wir beiden Brüder trafen uns zufällig irgendwo, beschlossen, einen Strich unter die Vergangenheit zu ziehen und fielen uns in die Arme.« Ich reichte ihr die Konfekttüte. Sie küßte mich auf beide Wangen. Ich blinzelte Eysteinn über ihre Schultern hinweg zu.

»Ich bin so glücklich, daß ich gar nicht weiß, was ich sagen soll.«

»Es ist auch nicht nötig, irgendwas zu sagen«, sagte ich. »Nur an den Küchentisch setzen und das Leben genießen.« Ich führte sie zu einem Stuhl. Eysteinn hängte seinen Anorak draußen im Flur auf. Ich legte mir eine Schürze um, holte drei Schnapsgläser. Eysteinn nahm Mama gegenüber auf der Eckbank Platz. Ich schenkte Brennivin in die Schnapsgläser, wir nippten daran. Ich setzte Wasser in einem großen Suppentopf auf und putzte die Rüben. Ich stellte unter ihnen den Herd an und begann damit, die gesengten Schafsköpfe zu reinigen. Die Arbeit ging mir gut von der Hand, aber ich brachte die Köpfe nicht auseinander. Sie waren so stark tiefgefroren, daß ich sie ganz in den Topf gab. Mama stand vom Tisch auf und salzte für mich. Dann machte ich eine Cola auf und schenkte uns dreien Genever in die Gläser.

Während das Essen kochte, saßen wir am Tisch und tranken. Wir sprachen über die alten Zeiten und erzählten Geschichten von Papa. Seit Jahr und Tag hatte ich keinen Schenni mehr probiert. Eysteinn und ich waren aufgedreht nach der Zeitreise, wie man sich gut vorstellen kann. Wir schmierten uns Roggenbrote und schnitten den gesäuerten Wal auf. Mama sprang zum Telefon und rief ihre Freundin Erla an, die einmal im Vatnsstigur gewohnt hatte, um ihr die Nachricht zu verkünden: Die Brüder, beide daheim. Eysteinn und ich sahen uns in die Augen, kicherten und blödelten herum. »Sollen wir den Lottopott knacken, Brüderchen?« sagte ich und stieß ihn in den Bauch.

Wir drei verbrachten unsere Zeit an den Gläsern. Irgendwann während des Umtrunks stand ich auf und kümmerte mich um die Schafsköpfe. Sie waren beim Kochen auseinandergefallen, die Gehirnhälften quollen heraus. Ich war mittlerweile betrunken und gleichgültig und hatte keine Lust, sie aus dem Sud herauszufischen. Ich quetschte die gekochten Rüben mit der Kartoffelpresse, fügte dem Brei Butter bei, salzte, pfefferte und gab Eysteinn auf einem Teelöffel zu kosten. Mama war in nostalgische Stimmung gekommen. Ich rührte beide Puddingpackungen an und stellte die Schale in den Kühlschrank. Ich schenkte uns wieder in die Gläser. Mama legte über ihres die Hand. »Nein, um Himmelswillen, Kristjan, wenn das so weitergeht, dann schlafe ich drinnen auf dem Sofa ein.«

»Ach, hab dich doch nicht so«, sagte ich. »Komm, wir wollen uns vergnügen.«

Ich war aufgedreht und glückselig. Ab und zu stand ich auf und kümmerte mich um den Topf. Ich stach mit der Gabel in ein Auge, löste es mit einem Messer aus der Kopfhälfte und aß es auf. Mama wollte über den Vatnsstigur 1 reden, also sagte ich: »Keine Gewissensbisse, ich tische jetzt die Köpfe auf. Eysteinn und ich gewinnen am nächsten Samstag im Lotto.«

Wir warteten nicht darauf, bis die Schafsköpfe abkühlten. Eysteinn war mittlerweile ziemlich betrunken, aber er aß eine wahre Unmenge und wurde durch das Essen wieder nüchtern. Ich öffnete eine der Rotweinflaschen, und wir nippten vom Wein beim Essen. Eysteinn stieß ein Kriegsgeschrei aus, als ich den Karamelpudding auf den Tisch knallte. Es geschieht in schmerzlicher Trauer, hochverehrte Herren, daß ich diese Familienmahlzeit zu Papier bringe.

Nach dem Pudding schwankte Mama ins Wohnzimmer und holte die isländische Ausgabe von »Besetztes Island«. Sie zeigte Eysteinn stolz das Buch. »Ich hab' es auch auf deutsch gesehen«, sagte Eysteinn. Er schob das Buch von sich.

Ich nahm das Buch und öffnete es aufs Geratewohl. Zufällig fiel es dort auf, wo von der Festnahme des deutschen Konsuls berichtet wurde. Auf der linken Seite waren verschiedene Bilder, die britische Soldaten dabei zeigten, wie sie das Wappen des Dritten Reiches von der Hausecke nahmen.

»Wo war Papa an diesem Tag?« fragte ich.

»An welchem Tag?«

»Naja, am Tag der Besetzung?«

»Er hat das alles mitverfolgt«, sagte Mama mit einer beschwipst unkontrollierten Handbewegung und hätte fast ein Glas umgeworfen. »Hättest du deine Untersuchungen begonnen, während er noch am Leben war, Kristjan, dann hätte er dir zweifellos vieles sagen können.«

»Das ziehe ich nicht in Zweifel«, kicherte Eysteinn.

»Was meinst du damit?« fragte ich.

Mama setzte die Brille auf und nahm mir das Buch weg. »Ich bin etwas müde geworden«, sagte sie. Sie schützte Müdigkeit vor, wenn sie betrunken war. Sie legte das offene Buch auf den Tisch. Ich sah, daß sie bei den Bildern von der Tankstelle auf dem Klöpp-Felsen innegehalten hatte. Diese Tankstelle stand an der Skulagata, unweit vom Vatnsstigur 1. »Was steht hier unter dem Bild?« fragte Mama und hielt das Buch von sich. »Ich kann es nicht richtig lesen.«

»Die Briten ließen auf die Benzintanks auf Klöpp Fenster malen, um deutsche Heeresflieger zu täuschen«, las ich laut vor.

»Was für ein ausgemachter Blödsinn«, sagte Mama.

»Was meinst du damit?«

»Diese Fenster sind einen Monat vor der Besetzung gemalt worden.«

»Na, jetzt mach mal halblang«, sagte ich und lachte indigniert. »Die Briten ließen diese Fenster malen, nachdem sie das Land besetzt hatten.«

»Und woher hast du das?«

»Aus ›Die Festung im Norden‹, von Gunnar M. Magnuss.«

»Der Gunnar M. Magnuss«, sagte Mama und schüttelte den Kopf. »Das paßt so nicht, das sollte ich am besten wissen.«

Mein Bruder Eysteinn kicherte und sagte: »Ein Fehler im Buch.«

»Hör mit diesem Gekicher auf, Eysteinn«, sagte ich, »das geht mir auf die Nerven.«

»Dein Papa arbeitete als Maler bei Jonas Thorvaldsson, dem Malermeister«, sagte Mama. »Ich erinnere mich daran, als wäre es gestern geschehen. Ich mußte ihnen immer Kaffee auf Klöpp hinausbringen. Dein Vater und ich waren frisch verlobt. Und Pfannkuchen und geschmierte Brote. Wir ließen es uns nicht schlecht gehen.«

»Was, hast du nicht bei dir daheim gewohnt?« sagte Eysteinn kichernd. »Sittlichkeitsverfall und Lotterleben in der Familie.«

»Ja, sie arbeiteten für die Briten«, sagte ich.

»Nein«, sagte Mama, »ich erinnere mich daran, Kristjan, ich bin nicht so naiv, wie du denkst. Der Jonas Thorvaldsson hat das für die Ölgesellschaft angenommen.«

»Ja, ja«, sagte ich, »ich will nicht wegen Kleinigkeiten einen Streit vom Zaun brechen.« Mama nahm das Buch vom Tisch und steuerte mit ihm ins Wohnzimmer. Sie schwankte beim Gehen. »Die ist besoffen«, sagte ich.

»Auch verdammt besoffen«, sagte Eysteinn und deutete sich auf die Brust. Er kicherte mit Pudding und Sahne im Mund.

Von der Küche aus konnte ich ins Wohnzimmer zum Sofa sehen, Mama hatte sich hingelegt, voll bis zum Rand mit Schafsköpfen, und war eingeschlafen. »Die gute Alte hat richtig vorhergesagt«, sagte ich, »sie liegt flach.«

»Und schnarcht, das liebe Mütterchen«, sagte Eysteinn kichernd.

»Ich muß mal«, sagte ich.

Auf der Toilette nahm ich mir die Schürze ab. Dann schlich ich hinaus in den Flur, schlüpfte in die Schuhe. Kein Jackett auf dem Kleiderständer. Ich wagte nicht, nochmal hineinzugehen, so nahm ich also meinen Mantel und öffnete vorsichtig die Wohnungstür. Ich eilte die Treppen hinunter. Der Schneefall hatte nachgelassen, und die Abendluft belebte mich. Ich lief zügig in Richtung Innenstadt, wo am ehesten die Hoffnung bestand, ein Taxi zu erwischen. Ich war wieder einigermaßen nüchtern. Mein Herz raste wie verrückt. Ich hatte keine Furcht, nein, ganz im Gegenteil. Es war eine kitzelnde Heiterkeit. Einige Autos fuhren vorbei. Ich sah über die Schulter, kein Eysteinn zu sehen. Ich streckte die Hand aus und hielt ein Taxi an, ganz unten in der Tungata.

»Zum Vatnsstigur 1, aber schnell, mein Freund ... « Mir wurde etwas unwohl im Auto.

Als das Taxi wegfuhr, stand ich eine Weile unschlüssig da und betrachtete das Haus meiner Jugend. Sollte ich diesen kleinen Schritt wagen? Im Schnee sah das Haus gespenstisch aus mit dem rostigen Wellblech und den rabenschwarzen Fenstern. Ich gab mir einen Ruck und rannte die Treppen hinauf. Ich hatte nicht abgesperrt, als wir herausgegangen waren, aber die Türe saß dennoch fest. Ich trat heftig gegen sie und rüttelte, bis sie sich öffnete. Ich lief in den Keller hinunter. Ein fahler Schimmer lag auf dem kleinen Fenster. Ich ging zur Zeitmaschine, nahm das Tuch ab und setzte mich auf Eysteinns Sitz. Ich tastete dorthin, wo der Steuerknüppel war, aber ich wurde nicht fündig. Ich fluchte. Eysteinn hatte den Hebel versteckt, aber wo? Wohin war er im Haus gegangen, nachdem wir von der Reise zurückkamen? Er war mir direkt nachgefolgt, als ich hinaufging. Er hätte kaum Zeit gehabt, den Hebel im Keller zu verstecken. Er war gegangen, um die Schülerzeitung zu suchen. Im selben Augenblick fiel es mir ein, wo der Hebel war. Als wir klein waren, hatten wir ein Versteck auf dem Dachboden. In dem einen Dachzimmer gab es ein loses Brett in der Wand unter der Schräge. Dort hatten wir früher das eine oder andere versteckt: Zigaretten, die erste Schnapsflasche, die wir uns kaufen ließen ... Ich lief in den obersten Stock. Ich ging in die Hocke und schlug mit der geballten Faust von unten auf das Brett. Es fiel heraus auf den Linoleumboden. Und natürlich! Da drinnen auf dem Bretterboden war der Hebel, eingewickelt in Samt. Ich sprang mit ihm hinunter. Ich war schon an der Kellertür, als ich mich an die Schülerzeitung erinnerte. Ich erinnerte mich so deutlich daran, daß sie am gleichen Tag herauskam, an dem der Abschlußball gehalten wurde, weil der Chefredakteur sie mir zusammen mit seinem Kumpel gebracht hatte. Sie hatten früh damit begonnen, sich zuzuschütten. Ich hatte gesehen, wie sie sich gegenseitig zugegrinst hatten, aber konnte mir nicht darüber klar werden, was sie so fröhlich stimmte. Ich stürzte hinauf ins Wohnzimmer. Die Zeitschrift lag auf ihrem Platz auf dem Müllhaufen unter dem Tisch. Ganz vorne, im Inhaltsverzeichnis, stand das Erscheinungsdatum. Die Zeitschrift war am 25. April 1967 herausgekommen.

Ich warf sie von mir und stürzte hinunter. Es polterte auf der Treppe. Ich setzte mich wieder auf den Sitz, erfühlte das Gewinde mit den Fingern und befestigte eilends den Hebel. Dann zog ich ihn ganz langsam zu mir her. Die Maschine erwachte zum Leben, die Lichter gingen an, ich war bereit für die Fahrt. Zuerst unterlief mir ein geringfügiger Fehler, ich fuhr knappe fünf Minuten in die Zeit vor, als plötzlich Eysteinn ins Zimmer gestürzt kam. Ich zerrte am Hebel und fuhr weiter vor bis zum nächsten Morgen. Daraufhin drehte ich um und sah Eysteinn rückwärts im Kreis gehen und zur Tür hinauspreschen. Ich segelte in Ruhe diese knapp zwei Jahrzehnte in die Zeit zurück.

Ich hatte es nicht eilig. 1970 stand auf dem Jahresmesser. 1969 rastete ein. 1968. 1967. Ich lehnte mich vor und folgte aufmerksam den Monaten. Schließlich kamen die Frühlingsnächte in das kleine Fenster. Mai, April. Ich zuckelte zurück auf den Fünfundzwanzigsten. Ich hielt die Zeitmaschine vollständig um acht Uhr abends an. Die Jungs müßten gerade in meinem Zimmer beim Trinken sein. Das letzte Klassenbesäufnis vor den Prüfungen. Ich schraubte den Hebel ab und steckte ihn in die Manteltasche. Im Haus war es still. Wäsche hing auf den Leinen und unter ihr konnte man die alte Miele-Maschine von Mama sehen. Über mir hörte ich Schritte. Ich ging die Kellertreppen hinauf. Zum großen Glück war die Tür nicht von außen verschlossen. Ich ging in den Flur hinein. Ein Auto raste die Straße hinunter. Mein Mund war trocken, und mein Atem ging ganz schnell, dann schlug mein Herz ruhiger. Waren Papa, Mama und Eysteinn an diesem Abend daheim gewesen? Ich konnte mich um nichts in der Welt daran erinnern, ob dem so war. Ich hörte etwas aus der unteren Etage. Ich konnte mich gut an die Familie erinnern, die dort in diesen Jahren zur Miete wohnte. Es war ein Bankangestellter mit seiner Frau und deren Tochter. Sie war schon über zwanzig und hatte eine Schar von Geliebten. Ich hatte vor ihren Augen keine Gnade gefunden, aber sie war total verschossen in Eysteinn. Mutter und Tochter waren beide ziemlich geschwätzig, ich wollte sie auf keinen

Fall treffen. Ich erinnerte mich, daß Papa sich ständig mit der Tochter herumstritt. Mama mußte oft hinuntergehen und Versöhnung suchen, damit sie nicht auszogen. Ich ging bis zur Mitte der Treppe hinauf. Die Jutetapete saß fest an der Wand. Der Teppich war ganz sauber. Ich ging zum Treppenabsatz hinauf, lauschte eine kurze Weile an der Tür, hörte nichts und öffnete.

Alles um mich herum war wie vor langer Zeit im Vatnsstigur 1. Die alten Bilder an den Wänden. Thingvellir von Molander. Die Esja von Kristin Morthens. Die alte Standuhr tickte. Ich ging zum Fenster. Draußen war ein heller Frühlingsabend. Ich setzte mich in den Sessel beim Telefon, von Wehmut übermannt. Auf dem Telefontisch lag eine zusammengefaltete Tageszeitung. Ich nahm sie auf und schaute auf das Datum, 25. April 1967. Wo war in diesen Jahren mein Zimmer gewesen? Plötzlich war ich mir nicht sicher. Für einige Zeit hatte ich auf dem Dachboden gewohnt, weil ich schrecklich böse auf meinen Vater war. Ich zog hinauf in ein Dachzimmer und war der Überzeugung, von daheim auszuziehen. Lächerlich! Nein, ich wohnte noch im unteren Stockwerk. Diese Meinungsverschiedenheit hatte sich erst im Herbst ereignet. Nun wohnte ich im Flurzimmer auf der Seite der Garage. Es war nur durch die Küche zugänglich. Ich stand auf und ging in die Küche hinaus. In einer Pfanne auf dem Herd waren Rouladen. Ich erinnerte mich, daß Mama Papas Lieblingsessen zubereitet hatte, um ihn an diesem Abend zu besänftigen. Es ärgerte ihn, daß wir Jungs seit fünf Uhr herumsaßen und soffen.

Aber jetzt hatte ich die Wohnung für mich. Draußen hörte ich etwas. Ich öffnete die Küchentür. Ich hörte Musik in meinem Zimmer. Sie verstummte plötzlich, die Nadel kratzte unbarmherzig. Jemand legte gerade eine andere Platte auf.

VII

Als die Musik verstummte, hörte ich ein Trällern im Bad. Ich lehnte die Tür an, bis ich hörte, daß derjenige, der dort war, in mein Zimmer hineinging. Dann trat ich ohne zu zögern auf den Flur und ging ins Bad. Ich mußte das sowieso. Während ich mich dort aufhielt, betrachtete ich die Zahnputzgläser der Familie im Fenster. Meines war an seinem Platz. Ich griff nach der Bürste, sie war feucht. Ich erinnerte mich gut an das Glas, da war vorher Senf drin gewesen. Ich war ziemlich stolz darauf als kleiner Junge. Auf dem Glas war ein Bild von einem Seeräuberschiff mit Totenkopfflagge auf Segelfahrt. Ein gestiefelter Seeräuberhäuptling mit einem Hut stand auf der Bordwand mit gezogenem Schwert. Ganz unten auf dem Glas stand: »Captain-Kid Sennep«. Ich nahm das Glas herunter und faßte es vorsichtig an. Es war zerbrochen, als ich und Mama sechs Jahre später aus dem Haus auszogen.

Ich stellte das Glas wieder vorsichtig aufs Fensterbrett. Ich nahm eine Haarbürste und strich durch das Haar. Es war hell und graumeliert. Jetzt ist es fast ganz grau. Ich wusch mir das Gesicht. Ich hatte kaum Falten. Ich trat auf den Gang, zog meinen Mantel aus, hängte ihn auf den Haken und nahm den Steuerknüppel aus der Manteltasche und steckte ihn in die vordere Hosentasche. Ich hörte, daß die Rolling Stones in meinem Zimmer Yesterday's Paper zu singen begannen, von der Platte Aftermath. Ich wandte mich zur Küchentür, ging einen schwankenden Schritt, stützte mich am Türrahmen und versuchte, den Schrecken zu bewältigen, der mich erfaßte. Ich holte ein paarmal tief Luft, bis ich spürte, daß ich die Lungen füllen konnte. Dann drehte ich mich um, ergriff entschlossen die Türklinke zu meinem Zimmer und ging hinein.

Mein alter, roter Sessel, den ich weggeschmissen hatte, als Mama und ich umzogen, stand auf seinem Platz mitten im Zimmer. Ich ging mit einigen schnellen Schritten dorthin und setzte mich. Ein Junge in schwarzen Hosen und einem weißen Hemd, die Haare bis auf die Schultern, hockte neben meinem alten Plattenspieler, der auf vier blauen Bierkästen ruhte. Er blätterte gerade in dem senkrecht aufgestellten Plattenstapel, der sich zwischen den Bierkästen und dem Kleiderschrank befand. Auf dem Fußboden lag eine Platte, die nicht wieder in den Umschlag gesteckt worden war. Das ärgerte mich, meine Plattensammlung war mir lieb. Plötzlich gab er dem Tonarm mit einem Finger einen Schups, so daß die Nadel über die

Platte schrammte. »Things are different today, I hear every mother say...«, sangen die Rolling Stones, als die Nadel zum Stehen kam. Ich senkte den Kopf, berührte die Schläfen mit Zeige- und Mittelfinger beider Hände und sah vor mich hin. Die Stimmung in meinem Zimmer war nicht so gut, wie ich es in Erinnerung gehabt hatte. Vier alte Klassenkameraden waren anwesend, zwei saßen auf meinem Bett, und ich hörte, daß sie sich über Politik unterhielten. Ein anderer saß beim Fußende des Bettes, er sagte: »Ihr wißt schon, daß ich saugut an der Gitarre bin, Jungs.« Er schien mir ganz schön betrunken. Er hielt sich die Hände vor das Gesicht. Das Zimmer war voller Zigarrettenqualm. Was sollte ich antworten, wenn eines dieser Gespenster mich anspräche? Ich war völlig erschöpft, so sehr raste mein Herz. Es mußte ja dazu kommen, daß mich jemand ansprach. Ich setzte mich im Sessel zurecht und sah dann die gute alte Schülerzeitung unter dem Stuhl hervorlugen. Ich streckte mich nach der Zeitung und hob sie auf. Sie war neu und spiegelgatt und roch gut nach Druckerschwärze. Ich verspürte Lampenfieber.

Der, der in meinen Platten herumsuchte, ließ den Plastikdeckel auf den Plattenspieler hinunter, entschied sich dann anders, nahm Revolver mit den Beatles aus dem Stapel, wollte den Tonarm bewegen, ließ ihn aber aus der Hand fallen, und die Nadel schlug auf die Platte und schlitterte kratzend bis zur Mitte. Ich sprach als erster. Ich sagte: »Mein Freund, kannst du meine Platten bitte gut behandeln.« Er antwortete mir ohne über die Schulter zu sehen: »Was ist denn Mann, nur keine Aufregung, Kiddi. Ich leg' bloß die Beatles auf, wir brauchen doch gute Musik, Mann.« Er entschied sich anders, legte Revolver von sich und nahm eine Kinksplatte. Er stopfte die Stones in den Umschlag und fing an, Kinks zu spielen, You really got me. Es war mir einigermaßen gelungen, mich zu fassen. Der Bursche drehte sich um, setzte sich zu meinen Füßen und verschränkte die Arme um die Knie. Er ließ den Kopf im Takt mit der Musik wippen und sagte dann: »Vorhin glaubte ich, ich sei verrückt geworden, Mann.«

»Hm, was ist denn passiert?« fragte ich.

»Wir wollten gerade aufs Klo gehen, du und ich, um über Kreuz zu pissen. Aber als wir raus gingen, auf den Gang, da hast du dich neben mir einfach in Luft aufgelöst.«

»Nein, was für ein Unsinn.« Ich begann, mit einem Fuß zu baumeln, um gelassen zu wirken. »Ich bin in der Küchentür verschwunden, ich mußte mich umziehen.«

Er schnippte mit den Fingern: »Du hast dich einfach in Luft aufgelößt. Wow, Mann, schau mal Broi.« Er deutete auf den, der am Fuß meines Bettes saß. Broi kotzte gerade auf den Fußboden. Eine braune Flüssigkeit sammelte sich in einer Lache an der Ferse seines einen Schuhes. Der Junge zu meinen Füßen wollte aufstehen, um ihm zu helfen, als sein Blick in mein Gesicht fiel. Ich sah sofort, wie er zusammenfuhr, er sagte erstaunt: »Mann, was ist denn mit dir passiert?«

»Gar nichts«, sagte ich.

»Doch, du bist so alt im Gesicht, und dieser komische Schimmer auf dem Haar...«

»Die Alte aus der unteren Etage hat mir ihr Spray geliehen. Ich wollte, so gut es geht, Brian Jones von den Stones ähnlich sehen.«

»Und das hat gut geklappt«, sagte er erstaunt. »Du bist ihm echt verdammt ähnlich. Ihr könntet gut Brüder sein.«

Zu meiner Verwunderung war ich fast stolz auf mich. Ich schaute den Jungen an. Er war ein recht hübscher junger Mann mit einem mandelförmigen, fahlblassen Gesicht. Sein langes schwarzes Haar formte einen Kranz um die Wangen. Ich konnte mir um nichts in der Welt ins Gedächtnis rufen, wie er hieß. Ich blätterte in der Schülerzeitung, fand unser Klassenphoto. Er war der Dritte von rechts in der obersten Reihe. Ich schaffte es gerade noch zu sehen, daß er Amundi Sigurdsson hieß, bevor er seine Hand auf die Zeitschrift legte, sie in meinen Schoß beförderte und sagte: »Guter Mann, blättere doch nicht endlos in dieser Schülerzeitung herum, um das Bild von dir selber anzuschauen.«

»Komm beruhig' dich, Amundi«, sagte ich.

»Aha, jetzt wird man schon nicht mehr Mundi genannt, nur weil man mal 'nen kleinen Joke macht.« Er schnalzte mit der Zunge. »Zu diesen Typen darf man aber auch gar nichts sagen.«

Es kam mir, daß er bei einem Unfall auf See im Sommer 1975 umgekommen war. Er hatte ein Jurastudium begonnen, es aber aufgegeben, sich zwei Jahre mit Medizin herumgeschlagen, ist dann nach Amerika gefahren und wollte in die Wirtschaftswissenschaften, hat es aber geschmissen, wie man sagte, und fuhr dann zur See. In jener Zeit wurde auf See sehr viel getrunken, wie auch anderswo. Ich erinnerte mich, daß ich ihn zufällig in Glaumbaer getroffen hatte, kurz bevor es dort brannte.

Er zündete sich eine Zigarette an. Er schüttete sich aus einer Flasche, die beim Stuhl stand, in sein Glas. Es war Genever. Diesmal Olifant. Er trank davon. Ich betrachtete das, was vom Zimmer zu erkennen war. Mir direkt gegenüber hing ein riesiges Bild von Karl Marx an der Wand. (Ich möchte betonen, daß die Tatsache, daß in jenen Jahren ein Bild von Karl Marx in meinem Zimmer hing, überhaupt nichts zu sagen hat. Ich weiß, daß seinerzeit gleiches für Joseph Goebbels, den Propagandaminister, zutraf.) Das Bücherregal war links von der Tür. Rechts von Marx war mein Kleiderschrank. Dort zeigte eine Schönheit aus dem Playboy ihren Hintern. Sie stützte sich an eine Couch, hob aufreizend einen Fuß hoch, sah über ihre Schulter und ließ ihre Brüste hängen. Ich hatte sie auf die Schranktür geklebt. Ich stand auf und murmelte: »Muß mir 'was anderes anziehen.«

»Was ist denn das für ein Riesentheater mit deinen Kleidern.«

Ich öffnete den Schrank und roch all meine alten Anziehsachen. Ich nahm ein Jackett heraus und zog es an. Es war gestreift und ganz anständig. Ich hatte völlig vergessen, daß ich es besessen hatte. Mir schienen die Ärmel zu kurz. Ich zog mir die Hose aus und fand die, die dazu paßte. Ich schlüpfte aus den Schuhen und zog die Hose an. Es war ein ziemlicher Kampf, sie über die Hüften zu bekommen. Mir war nicht klar, daß ich im Lauf der Jahre so zugelegt hatte. Ich schaffte es gerade noch, sie zuzuknöpfen. Ich zog den Reißverschluß hoch und nahm eine schmale, schwarze Krawatte vom Haken an der Innenseite der Tür. Ich hob die Hose vom Boden auf, steckte den wertvollen Zeitmaschinenhebel in die Tasche des

Jacketts und warf die Hose aus der noch nicht gekommenen Zukunft in den Schrank. Daraufhin sah ich heimlich über meine Schultern, es war lächerlich, sich in seinem eigenen Zimmer wie ein Dieb aufzuführen. Ich betrachtete die zwei Kerle, die auf meinem Bett saßen und sich stritten. Ich erinnerte mich schnell daran, wie sie hießen. Björn und Karl. Bjössi war schlank und hatte eine knabenhafte Frisur. Er war der einzige in der Klasse, der Mitglied im Heimdallur war. Kalli dagegen war Stalinist. Er war langhaarig und strich sich eifrig durch das Haar, während er ironisch auf den armen Bjössi schaute, der sich anscheinend in einer bedrängten Lage befand. »Es hat sich die ganze Zeit gezeigt und erwiesen«, sagte Kalli einschmeichelnd, »daß gebildete Leute, die es auf sich nehmen wollen, die Arbeiterklasse aufzuklären, isoliert werden.« Er berührte mit dem Zeigefinger das Knie von Bjössi im Heimdallur im Takt seiner Worte.

»Und du bist ein solcher Narr«, nuschelte Bjössi im Heimdallur entnervt, »zu glauben, daß es der Arbeiterklasse dieses Landes nicht vollkommen egal sei, ob wir mit einer Studentenmütze abgehen oder nicht. Bist du so ein Narr, Kalli?«

Ich wollte gerade die Tür des Schrankes wieder schließen, als ich diese vortreffliche Baskenmütze auf dem obersten Regal sah. Ich erinnerte mich gut an sie. Ich nahm sie herunter, setzte sie auf den Kopf und setzte mich wieder in den Sessel. Ich band mir in aller Ruhe die schmale, schwarze Krawatte um. Amundi rutschte auf dem Boden umher und wechselte die Platte. Jetzt kam Janis Joplin auf den Plattenspieler.

Ich streckte mich nach dem Glas, welches das meine sein mußte. Es war der gute alte Schenni mit Cola. »Der Arbeiter wird isoliert«, hörte ich es hinter mir sagen, »das hat sich gezeigt und erwiesen, immer und immer wieder.« Ich sah Amundi an, er starrte auf meine Uhr, die unter den kurzen Jackenärmeln zum Vorschein gekommen war. Es war eine neue Digitaluhr. Er sah sie noch eine Zeitlang an, beschloß aber, nichts zu sagen. Er deutete wieder auf den, der an die Wand gelehnt dasaß, und sagte: »Schau Broi, Mann.« Amundi kicherte und griff in die Brusttasche seines Hemdes.

»Ja, verdammt ist der voll«, sagte ich.

»Er schläft immer so seinen Rausch aus, der Bursche«, sagte Amundi. »Das ist sicher wie das Amen in der Kirche. Der Bursche ist einfach so, aber so ist schließlich das Leben, Mann. Er will Gitarre spielen, na und, ist er nicht saugut? Natürlich. Was sonst?« Er wühlte mit einem Finger in seiner Zigarettenpakkung und zog eine zerknitterte Camel heraus. »Hast du Streichhölzer?«

Ich schüttelte den Kopf.

»Guter Mann, treib eine Schachtel Streichhölzer auf. Es muß doch wohl eine oben im Küchenschrank von deiner Mama sein.«

»Ja, ja, ich werd' mal nachschauen.«

Er legte grinsend einen Finger auf die Lippen, und wir lauschten beide kurz dem Gespräch der Kameraden auf dem Bett. »Unsinn, Mann«, sagte Amundi, »mit so einem Quatsch mit der Studentenmütze anzufangen. Und was kommt dabei heraus? Der Direktor verbietet den Alkoholausschank heute abend, und alle müssen reinschmuggeln.« Er hob sein Glas. »Am besten sich vorher zuschütten, bevor der Ball gehalten wird.«

»Ja, sich zuschütten«, sagte ich und trank von meinem. Ich sah mich nach meiner Flasche um. Ich hatte den Eindruck, vor vierundzwanzig Jahren ziemlich schwach gemischt zu haben. Bei dem Hocker, wo mein Glas stand, war eine halbvolle Flasche. Ich streckte mich nach ihr, hob sie hoch und sah aufs Etikett: »Oh, nein, Mist«, sagte ich, »Southern Comfort. Dieser untrinkbare Mist.«

»Fängst du schon wieder damit an, Mann. Was ist mit Southern Comfort? Komm mein Guter, ich trink' ihn für dich. So, hier bekommst du Schenni.« Er streckte sich nach der Geneverflasche und schüttete etwas in mein Glas. »Willst du die Streichhölzer besorgen?«

Ich beugte mich vor und flüsterte: »Stehlen wir uns doch von den Jungs davon. Ich bin es leid, Broi zu helfen.« Ich nickte in Richtung Broi, der zusammengekauert beim Bett saß.

»Nein, mein Guter. Wir Jungs gehen zusammen. Broi ist o.k.« Mundi nahm sein Haar vom Rücken und legte es auf seiner Brust zurecht. Dann streckte er sich unter meinen Stuhl und zog einen roten Ballon voller Flüssigkeit hervor. Der Ballon wabberte und schwabbelte in seinen Händen. »Hör mal«, sagte er, »nimm du das mit hinein. Du stopfst ihn nur runter zum Sack und machst ihn am Gürtel fest. Mich durchsucht er immer so gründlich, der Alte an der Tür, er kennt mich mittlerweile. Da gibt es nie ein Schlupfloch.«

So war es also, wie ich an den Ballon, randvoll mit Alkohol, kam. Ich zog den Bauch ein, zog den Reißverschluß nach unten, plazierte den Ballon und stach den Gürteldorn vorne durch den Knoten. Es war schlimmer mit diesem Ding im Schritt, als ich es im Gedächtnis hatte.

Ich stand auf, um Streichhölzer zu holen. Ich öffnete den Schrank in der Küche, worin Mama verschiedenes Kleinzeug aufbewahrte, aber die Streichholzschachtel war nicht da. Ich ging ins Wohnzimmer, die Zündholzschachtel lag auf dem Telefontisch. Ich griff nach ihr, als das Telefon klingelte. Ich sah auf das klingelnde Telefon. Ich hatte ein großes Problem. Sollte ich wagen, den Hörer abzunehmen? Das Telefon klingelte eine gute Weile, es war wie in einem Kinofilm. Ich schaute auf die Standuhr, es war halb zehn. Ein heller, ruhiger Frühlingsabend in Reykjavik. Das Telefon klingelte ohne Unterlaß. Ich nahm den Hörer ab. Es war die Tochter aus der unteren Etage, ich erkannte sie sofort. Sie nannte ihren Namen und sagte: »Hier ist Erla«, sie war aufgebracht und schrill, »wer ist dort?«

»Adalsteinn«, log ich.

»Das eine laß' ich dich wissen, Adalsteinn, daß ich wann auch immer das Haus verlassen kann. Ich ziehe sofort heute abend aus, wenn es das ist, was du willst.«

»Liebe Erla«, sagte ich und räusperte mich, nahm männliches Gebaren an und versuchte, meinen Vater nachzumachen, »dafür gibt es keinen Grund. Es gefällt mir ausgesprochen gut, dich im Haus zu haben.«

»Aber was meinst du dann damit, wenn du mich eine Hure nennst?« fragte sie.

»Manchmal bin ich ein bißchen arg betrunken, Erla«, sagte ich. »Du weißt doch, wie man sich dann verhält. Ich bitte dich demütigst, mir zu vergeben.«

»Ach so«, sagte die arme Frau, »das hab' ich die ganzen Jahre über gar nicht bemerkt. Na gut, ich bin bereit, es in Erwägung zu ziehen, weiterhin hier zu bleiben.« Ich hörte, daß sie ob dieser Nettigkeit ganz verblüfft war. Ich legte kichernd den Hörer auf. Plötzlich bekam ich Angst. Hatte ich schon zu dreist mit der Zeit gespielt? Kaum. Ich hatte lediglich Mama einen ganzen Abend erspart, indem ich dies wieder gutmachte. Ich ging hinaus auf den Gang, holte meinen Mantel und schloß die Küchentür leise, so daß sie keinen Lärm machte. Ich ging auf den Flur hinaus und schlich die mit Teppich verkleideten Stufen hinunter. Ich sah, daß der Schlüssel noch in der Kellertür steckte, sperrte zu und steckte ihn in die Tasche. Da war die Zeitmaschine sicher für die Zeit, die ich kurz verschwinden wollte.

Ich ging hinaus. Die Frühlingsluft belebte mich. Der Vatnsstigur war feucht vom Regen. Ich entschloß mich, auf dem Laugavegur in die Stadt zu gehen. Außer älteren Autos und Mädchen in kurzen Röcken gab es wenig in dieser längst vergangenen Frühlingsnacht, was meine Aufmerksamkeit erregte. Ich hatte keine Zeit, um mich mit Nichtigkeiten aufzuhalten. Ich traf auf festverschlossene Türen beim Hotel Borg. Ich ging zum Haupteingang und öffnete dort die Tür: »Ähm, ist hier heute abend nicht der Schulball?« fragte ich den Mann am Empfang.

»Nein, das ist er nicht«, sagte er und rieb seine Hände. »Hier ist heute abend kein Tanzvergnügen.« Er war ein dicklicher Kerl, kurzgeschoren, und trug ein braunes Jackett.

»Hm. Ja, das ist aber komisch«, sagte ich. Wenn ich in den vergangenen zwei Jahrzehnten an diesen Abend dachte, hatte ich ihn immer im Hotel Borg vor mir gesehen.

»Da ist irgendein Fest drüben im Haus der Unabhängigkeit«, sagte der Mann.

»Ja, und wo ist das?« fragte ich.

»Sigtun«, sagte er.

»Ja, genau«, sagte ich, »dort wird der Ball gehalten.«

»Bist du Lehrer?« fragte der Mann.

»Ja«, sagte ich.

»Und du weißt nicht einmal, wo der Ball gehalten wird«, sagte der Türsteher und schüttelte den Kopf. »Na, dann hoffe ich, daß die lieben Jugendlichen gut aufgeklärt sind.«

Ich verabschiedete mich von dem Mann und ging über den Austurvöllur. Die Jugendlichen strömten herbei. Unter ihnen sah ich Bjössi im Heimdallur, betrunken und melancholisch. Ich rief ihm, und wir gingen zusammen. Er gab nicht zu erkennen, daß irgend etwas an mir ungewöhnlich sei. Bei der Tür am alten Sigtun war eine Menge, die darauf wartete, eingelassen zu werden.

VII

Ich warf mich, mit der Baskenmütze auf dem Kopf, in die betrunkene Menschenmasse.

»Komm, nimm mal 'nen Schluck, Kiddi«, sagte Kalli der Stalinist. Er stand in einiger Entfernung und reichte mir eine fast leere Flasche Wodka Wiborowa, mit einem gelblichen Saftgemisch am Boden. Ich trank davon. Der Alkohol brannte bis in den Bauch hinunter. »Das ist ein Fünfundsiebziger, Mann«, sagte der Stalinist mit einem breiten Grinsen. Die Menge wurde zur Tür gezogen. Ich stand eingequetscht einer dunkelhaarigen Schönheit mit rosenroten Lippen gegenüber. Sie war nicht aus meiner Klasse. »Was machst du denn hier, Alter?« fragte sie ausgelassen. Ich sah ihr tief in die Augen und setzte allen Charme auf, der mir zur Verfügung stand: »Weißt du denn nicht wer ich bin, meine Liebste?« fragte ich. »Ich bin dein alter, übellauniger Mathelehrer.«

Die junge Dame kicherte. Die Gruppe fing an, sich hin und her zu bewegen, und das junge Volk im Takt mit dem Schwanken wa-wau zu rufen. Wir bewegten uns näher zur Tür hin. Ich war mir nicht sicher, wo ich in der Zeit stand. Ich mußte hineingelangen, bevor die Bewußte aus der Klasse unter mir, mit der ich getanzt hatte, an mir vorüberging, sonst war alles verloren. Die eisenbeschlagene Tür von Sigtun, matt von vielen Jahren der Tritte und Reibung mit vergnügungssüchtigen Gästen, war dabei, sich vor den Gesichtern derer, die vor mir waren, zu schließen. Ich versuchte rücksichtslos, mich in der Menge freizukämpfen, brachte meine Hände an die Tür und rief aufgeregt: »Ja, wollt ihr mich wohl hineinlassen. Ja, wollt ihr mich wohl sofort hineinlassen. Ich bin Lehrer. Ich bin Lehrer.«

»Wenn du Lehrer bist, dann sag dem Direktor, er ist ein Arsch«, sagte der Junge, den ich gerade von der Tür drängte. »Den Alkoholausschank zu verbieten!«

»Halt den Mund«, sagte ich, nicht sehr geistreich.

Der gute alte Türsteher mühte sich damit ab zu öffnen. Der Titel des Lehrers hatte eine bewundernswerte Wirkung. »Ja, laßt mich sofort rein«, sagte ich, »sonst gehe ich damit zu Sigmar. Ich bin Lehrer.« Diese Worte hatten ihre Wirkung. Ich kam ohne Eintrittskarte hinein.

Im Foyer traf mich die Hitze. Mir wurde schwindlig. Wahrscheinlich war mir draußen auch beim ersten Mal ein Fünfundsiebziger gegeben worden. Tanzmusik dröhnte aus dem Inneren des Saales. Ich ging zur Tür und schaute hinein. Da sah ich den Chefredakteur auf der Estrade an seinem Tisch sitzen und hinunter auf die Tanzfläche schauen. Mein Mund wurde trokken. Ich war zu früh dran. Noch war Zeit, auf die Toilette zu gehen und einen Schluck Wasser zu trinken. Als ich mir mitten unter Jugendlichen, die sich mit Wasser das Haar kämmten, die Hände wusch, sah ich, wie alt ich geworden war. Den alten Toilettenaufseher zu sehen, erfreute mein Herz. Einer der Jungen kannte mich, auch wenn ich mich nicht ganz seiner entsinnen konnte. Er sprach an, wie mitgenommen ich im Gesicht sei. »Mama ist kürzlich gestorben«, log ich.

Als ich ins Foyer zurückkam, sah ich Sigmar in Sigtun selbst. Er stand in der Saaltür. »Was für eine Band spielt heute abend, Sigmar?« fragte ich.

»Das sind Ponik und Einar aus Keflavik«, antwortete er.

Der Chefredakteur war von seinem Platz verschwunden. Ich sah nach links, jetzt mußte die junge Schönheit kommen. Ich schlug einen Fuß unruhig auf den Boden. »Das war clever von dir, Sigmar«, sagte ich, um etwas zu sagen, »die Nackttänzerinnen Sabina und Harriet Bond ins Land zu holen.«

»Sabina soll erst im nächsten Sommer kommen, mein Freund«, sagte Sigmar, »aber das ist ein Geheimnis. Woher weißt du das? Von dem anderen Mädchen, das du erwähnt hast, habe ich noch nie was gehört.«

Ich sah zur Ausgangstür. Im Spalt sah ich das Gesicht von Amundi. Er schlüpfte aus der dicht an dicht gedrängten Menge herein. Schon im selben Augenblick hatte der findige Türsteher, sein Feind, den Ballon mit dem Alkohol entdeckt. Er zog ihn aus Mundis Schritt heraus und schwenkte ihn grinsend vor seinem Kollegen. Daran erinnerte ich mich plötzlich sehr gut. Ich war nunmehr richtig auf 1967 eingestellt. Ich sah blickte auf die Estrade mit den Tischen und sah, wie das göttliche Mädchen, das mich von meiner Jungfräulichkeit befreit hatte, die Treppen herunterschwebte. Es galt jetzt oder nie. Ich mußte ein betrunkener Jugendlicher sein. Ich stieß ein Heulen aus, wie ich es getan hatte, soweit ich mich erinnern konnte. Es tönte sonderbar in meinen Ohren. Ich warf mich ihr in den Weg, ergriff eines ihrer Handgelenke und sagte mit dunkler Stimme: »Willst du tanzen, meine Freundin?«

Sie blieb stehen und krümmte fragend ihre Lippen. Sie wollte mir einen Korb geben, die Band machte gerade eine Pause. Sie lächelte und sagte: »Nein, Kristjan, grüß dich. Du hast dich so verändert. Hast du dir die Haare schneiden lassen?« Ich nahm unbewußt die Baskenmütze ab und steckte sie in die Tasche. Sie sagte: »Was ist denn mit deinen Haaren los?«

»Ich hab Glitter reinbekommen bei einer Frau, die zu Hause in der unteren Etage wohnt. Ich versuche, Brian Jones von den Stones ähnlich zu sehen.«

»Und das ist dir echt ziemlich gut gelungen«, sagte sie. »Er ist so süß.«

»Wenn du so weitermachst«, sagte ich, »dann lade ich dich ein, bis zum Ende allen Daseins zu tanzen.«

»Dann komm«, sagte sie.

Ich tanzte diese Runde, ungeschickt vielleicht, auf wackeligen Beinen, ja. Ich war vor lauter Kraftanstrengung so angespannt, daß ich weder sehen noch hören konnte. Ich tanzte wild in gespielter Freude, wie vor langer Zeit. Ich würde den Mistkerl bewußtlos schlagen.

Dann verstummte die Musik. Ich stand wie festgenagelt. Da sah ich den Chefredakteur auf seinem Platz stehen und mich anstarren. Ich hob eine Hand zum Haar, so daß es ihm nicht entgehe, wer ich war. Er wankte auf mich zu. »Kiddi Scheißschreiber«, rief er. »Kristjan Adalssteinsson, Scheißschreiber, sprich mit mir.«

Kiddi Scheißschreiber. Die Jahre hatten diesen Beinamen glücklicherweise getilgt. Ich war voller Todeshaß. Ich ballte die rechte Faust. Ich würde diesen Typen zu Boden schlagen, bevor er noch seine Schnauze aufbrächte. Sein Mädchen war allein auf der Tanzfläche zurückgeblieben. Er näherte sich, hielt vor mir an, zupfte zweimal an meiner Krawatte und öffnete den Mund. Er hatte keinen Hut auf dem Kopf, wie ich mich zu erinnern geglaubt hatte...

Ich schlug ihm mit einem solchen Donnerhieb aufs Kinn, daß es ihn auf den Rücken warf, wie ein großes Tier, die Beine in der Luft. Mir ging es wunderbar.

Er lag hilflos wie eine Schildkröte auf dem Rücken. Seine Freundin kam zu mir und schaute ihn an. In ihrem Ausdruck lag Sorge, als sie sagte: »Dazu mußte es ja kommen.«

Der Chefredakteur stand mit ihrer Hilfe auf. Er legte sich nicht wieder mit mir an. Der Schlag war gut ins Ziel gegangen. Da sagte sein Mädchen zu mir: »Du hast schon graue Haare.«

»Nein, das ist Spray«, sagte ich. Ich sah triumphierend auf meinen Feind.

»Neenee, keinen Blödsinn«, sagte sie, »keinen Blödsinn. Glaubst du, ich kenne nicht den Unterschied zwischen Spray und grauen Haaren. Wer bist du?«

»Laß es bloß bleiben, diesen Schuft zu heiraten, liebe Thyri«, sagte ich. »Das bringt nichts Gutes ein.«

»Dir steht es gerade zu, von Schuften zu sprechen, Kristjan. Ich ertrage keine Männer, die sich schlagen«, sagte meine junge Tanzpartnerin.

»Das ist nicht der Kiddi«, sagte Thyri. »Das muß sein Bruder sein. Das ist ein alter Mann. Schaut mal, Kinder, er hat schon graue Haare.«

Die Unruhe über den Kinnhaken wich der über diese Entdeckung. Der Chefredakteur kam näher, er hielt sich das Kinn und sah mich erstaunt an. »Das stimmt«, sagte er, »dieser Schwachkopf hat graue Haare. Du mußt Kiddis Bruder sein. Aber ich dachte, Eysteinn sei der einzige Bruder. Mein Kiefer schmerzt wie verrückt.« In dies hinein sangen die Monkeys, They say love is only true in fairy tales.

»Oh, ich finde ältere Männer oft so süß«, sagte Thyri, »besonders, wenn sie schon ein bißchen angegraut sind. Bist du der Bruder von Kiddi? Was machst du hier? Unheimlich charmant bist du. Bist du mit ihr zusammen?« Sie deutete auf meine Königin.

Die drehte sich schweigend um. Ich eilte von der Tanzfläche. Ich mußte schleunigst dorthin, wo ich vorher gesessen hatte. Ich ging auf die Estrade und in die Ecke. Das Colaglas, das ich gestohlen hatte, stand auf seinem Platz wie dreiundzwanzig Jahre davor. Ich stahl es wieder. Ich zog den Ballon aus meinem Schritt und biß ein Loch hinein. Der Strahl spritzte nun dreigeteilt aus dem Biß. Es gelang mir etwas besser, ihn ins Glas zu bekommen. Ich war fröhlich über den Kinnhaken. Ich trank schätzungsweise einen Vierfachen auf Ex. Vor lauter Spannung hatte ich Magenschmerzen. Im Ballon war Southern Comfort, dieses verfluchte Gesöff. Ich hatte geglaubt, mich zu erinnern, daß es Schenni gewesen wäre. Ich würgte. Die jungen Leute am nächsten Tisch warfen mir Blicke zu. »Hör mal, bist du nicht Lehrer?« Ein Mädchen sah verblüfft auf mein Betragen.

Es war mein Glück, daß jetzt mein Kamerad an den Tisch kam. Das war Broi, der nichts vertrug und der früher am Abend in mein Zimmer gekotzt hatte. Daß es aber er war, der sich neben mich gesetzt hatte, das hatte ich vergessen. Ich setzte meine Baskenmütze auf. Er begann, mir seine tolle Geschichte zu erzählen. Er war seit kurzem mit irgendeinem armen Mädchen zusammen. Aus diesem Grund hatte er eine Unmenge an Kondomen erstanden, die er nun aus seiner Tasche zog. Aber ins Bett waren sie noch nicht zusammen gegangen.

»Ich will mir die Spitze ordentlich anschärfen, später«, sagte Broi.

»Versuch einfach, dein verdammtes Maul zu halten«, sagte ich.

Ich mußte weg von diesem trüben, lang vergangenen Tanzvergnügen. Mit einem Male fiel mir auf, daß mein Mädchen nicht an den Tisch gekommen war, um mich zu bemitleiden, wie einst. Ich wartete eine Weile. Dann tauchte Amundi auf.

Ich reichte ihm den Ballon mit dem, was vom Southern Comfort übrig war und holte meinen Mantel in der Garderobe. Der Schulball war in vollem Gange. Der Türsteher ließ mich hinaus.

Ich nahm mir ein Taxi draußen vor dem Eingang. »Vatnsstigur 1, aber schnell.«

Ich würgte im Auto, mir war vom Trinken schlecht geworden. Es verursachte mir Brechreiz, daran zu denken, daß der Southern Comfort mit den Schafsköpfen in meinem Magen vor sich hin köchelte.

»Bist du krank?« fragte der Taxifahrer.

»Nein, nein, mein Freund.«

Als das Taxi anhielt, stieg ich aus, ohne zu zahlen. Ich lief die Stufen zu Hause hinauf. Die Tür war fest verschlossen, und ich ohne Schlüssel.

»Hör mal, willst du nicht zahlen?« rief der Taxifahrer.

»Ich hole Geld, warte nur«, sagte ich.

Ich klingelte an beiden Türglocken. Ich hörte keinen Glokkenlaut von innen, also trat ich gegen die Tür. Es hatte keinen Erfolg. Der Taxifahrer stand unten an der Treppe und sah mich an. »Wohnt hier nicht der Adalsteinn?« fragte der Taxifahrer.

»Doch, doch«, sagte ich und hörte auf, gegen die Tür zu hämmern, denn nun sah ich die Füße meines Vaters, der gerade die Treppe herunterkam. Erla aus der unteren Etage war ebenfalls auf den Gang herausgekommen. Sie öffnete.

Papa betrachtete mich: »Gut, daß du gekommen bist, Kristjan. Bist du denn so betrunken?« fragte er.

»Oh, ist der Erstgeborene wohl beschwipst?« sagte die Frau.

»Mit dir spreche ich nicht«, sagte Papa. »Am Montag bist du aus dem Haus.«

»Wa, wa«, sagte die Frau, »du hast mich um Entschuldigung gebeten. Seid ihr alle verrückt in dieser Familie?«

Ich steckte den Schlüssel in die Kellertür und öffnete. »Was gehst du denn in den Keller runter, Kiddi?« fragte Papa.

»Krank«, sagte ich, »muß kotzen. Zahl' du das Taxi.«

»Ja, so ist das, mein lieber Adalsteinn«, hörte ich den Taxifahrer sagen, »das sind genau fünfundachtzig Kronen.« Und das war das letzte, das ich im Jahr 1967 jemanden sagen hörte.

Die Zeitmaschine stand auf ihrem Platz. Ich setzte mich auf den Sitz und schraubte den Knüppel fest. Die Maschine erwachte, ich hörte Papa auf der Treppe. Ich fuhr vierundzwanzig Stunden nach vorne. Als die Zeitmaschine anhielt, stand ein junges, dickliches, blondes Mädchen in der Waschküche und hängte gerade Wäsche auf. Erla, sie starrte mich an. Ich zog den Hebel an mich und fuhr wieder in die Vergangenheit zurück.

Solche Unordnung hatte der Abend in meinem Geist gestiftet, daß ich unter keinen Umständen daran denken konnte, heim in mein Zimmer zu gehen, um zu schlafen. Ich entschloß mich kurzerhand, ins Jahr 487 zurückzufahren und mein Buch zu holen. Das würde eine kleine Weile dauern. Danach könnte ich mich dann zu Bett legen und in Ruhe zu meiner Entspannung in ihm blättern, bis ich Schlaf finden würde.

Ich umgriff den Hebel und fuhr los in die Zeit zurück. Als die berauschende Wirkung der Reise die Übelkeit vom Southern Comfort verstärkte, kam es soweit, daß ich mich übergab. Ich nahm die linke Hand an die Brust und spürte Erbrochenes. Dann griff ich nach dem Hebel und hielt die Maschine an. Ich kämpfte damit, die brodelnde Kotze unten zu halten. Das Erbrochene war auf meinem Mantel gelandet. Ich zog ihn aus und warf ihn von mir. Im Keller war schlechte Luft. Ich ging die Treppe hinauf. Die Vordertür war noch unverschlossen. Eigentlich war sie immer abgesperrt. Ich öffnete die Tür und machte sie nach mir wieder zu. Ich ging auf die Stufen hinaus und schloß nicht ab. Ich brauchte frische Luft.

IX

Ich musterte den hellen Himmel. Es war spät nachts. An der Außentreppe befand sich jetzt ein verrostetes Geländer. Ich stützte mich daran. Mein Magen wurde sofort ruhiger in der frischen Seeluft. Im Mund hatte ich einen sauren Geschmack von Galle. Es weckte meine Aufmerksamkeit, daß der Vatnsstigur nicht asphaltiert war.

Ich ging die Stufen hinunter und beschloß, noch eine Weile zu warten, um mich zu erholen, bevor ich erneut losführe. Ich überquerte die Skulagata und ging auf den Gehsteig auf der Meerseite. Das Meer plätscherte an die Kaimauer. Draußen war es warm. Bei der Tankstelle auf Klöpp standen leere Gerüste. Dort wurden falsche Fenster auf die Tanks gemalt. Ich ging näher und sah zu ihnen hinauf. Ich war erschrocken, den Gegenstand meiner historischen Untersuchung so aus der Nähe zu sehen. Die Arbeit war noch nicht abgeschlossen. Da hörte ich ein Rascheln hinter mir.

Ich drehte mich um. Auf der Straße stand ein junger Mann und rauchte eine Zigarette. Er trug nichts auf dem Kopf und hatte einen braunen Wollmantel und schwarze Lederschuhe an. Er betrachtete sich ebenfalls die Benzintanks. Ich sah über seinen Kopf auf unser Haus. Es war in dunkelblauer Farbe angemalt, in keinem der Fenster brannte Licht.

»Guten Abend«, sagte der Mann. Er begann unser Gespräch.

»Guten Abend«, sagte ich.

»Was ist los?« Er wies auf die falschen Fenster auf den Öltanks hin.

»Nun, das müssen wohl die Briten sein, die dafür verantwortlich sind«, sagte ich.

»Was meinst du?« fragte der Mann.

»Naja, das britische Heer, die Besetzung«, sagte ich. »Lebst du hinter dem Mond, mein Guter?«

Der junge Mann sah mich schweigend an. Mir schien, daß er sich mein Gesicht ins Gedächtnis einprägte.

»Was für ein Jahr ist denn?« Weil ich mich übergeben mußte, hatte ich vergessen, auf die Anzeige zu schauen.

»Neunzehnhundertvierzig«, sagte er erstaunt.

»Was für ein Monat?«

»April«, antwortete er überrascht. »Hören Sie mal her, guter Mann, wer sind Sie?« – Er sah mich feindlich an.

»April«, wiederholte ich, »das kann nicht richtig sein.«

»Doch, heute ist der dreiundzwanzigste.«

»Dann ist ein Fehler in ›Die Festung im Norden‹. Mama hatte recht gehabt. Es ist ein Fehler in ›Die Festung im Norden‹ von Gunnar M. Magnuss.« Ich war vollkommen verblüfft. »Die Tanks, die sollten jetzt nicht bemalt sein«, sagte ich heiser und deutete auf die falschen Fenster. »Diese Fenster, die sollten nicht dort sein. Das ist ein Fehler in ›Die Festung im Norden‹.«

»Was haben Sie da mit den Briten gemeint, guter Mann?«

Ich antwortete nicht. Ich spürte den Nieselregen auf der Wange. Ich war unbewußt ins Jahr der Besetzung gesteuert und hatte dort angehalten.

Dieses Gespräch hatte schon zu lange gedauert. Mir war etwas mulmig geworden, ich eilte im Laufschritt über die Skulagata. Er stand still und sah mir überrascht nach. Ich stürzte daheim die Stufen hinauf. Die Kellertür war offen, unten war Licht. Ich sprang hinunter. Ich hatte den Schlüssel im Schloß gelassen. Erla aus der unteren Etage, die Blonde, die kurz vorher unter der Wäschelein gestanden hatte, eine Frau in den Mittdreißigern, saß nun als kleines Mädchen auf meinem Sitz in der Zeitmaschine und hatte eine Hand auf dem Steuerknüppel.

»Liebe Erla«, sagte ich, »laß den weißen Stock in Ruhe, Schatz. Nicht anlangen.«

Sie drehte sich um. Das pausbackige Gesicht war verheult, und das Haar klebte an den Wangen.

»Wer bist du?« fragte sie schluchzend.

»Ich heiße Kristjan«, sagte ich. »Ich wohne im oberen Stockwerk. Ich bin dein Freund.«

»Nein, das stimmt nicht«, sagte sie. »Es wohnt kein Kristjan oben, das stimmt nicht, und du bist nicht mein Freund. Ich habe dich noch nie vorher gesehen. Du bist ein Freund von Mama.«

»Ja«, sagte ich, »ich bin ein guter Freund von deiner Mama, aber ich bin auch dein Freund.«

»Ihr sollt Mama in Ruhe lassen«, schrie das Kind. »Ihr sollt Mama in Ruhe lassen, diese Männer. Geh weg! Geh weg!« Sie bewegte die Hand auf dem Hebel.

»Erla, liebe Erla«, sagte ich, »nicht das. Nicht den weißen Stock berühren.«

Sie lehnte den Kopf zurück, ließ einen Heulanfall los und rief: »Doch, ich mache es. Ich könnt nicht über mich bestimmen. Doch, ich mache es. Egal, was ihr sagt.«

Ich erkannte den Ausdruck von Starrsinn, der später zum

festen Gesichtszug wurde. Ich warf mich in Richtung auf die Maschine. Sie hatte den Hebel nach vorne gedrückt und war im selben Moment verschwunden.

Ich muß dabei das Bewußtsein verloren haben. Ich kam spät nachts zu mir, setzte mich auf und spürte den Felsen unter den Händen. Das versetzte mich in einige Erleichterung. Für einen kurzen Augenblick schien mir, als ob nichts von dem, was ich geschildert habe, in Wirklichkeit geschehen sei, aber die alte Miele-Waschmaschine im Keller überzeugte mich davon, daß ich nicht träumte. Ich ging in den Flur hinauf und bis ins obere Stockwerk. Ich würde versuchen, meinen Eltern zu erklären, in was für Schwierigkeiten ich war. Die Zeitmaschine war verschwunden. Vorsichtig öffnete ich die Wohnzimmertür. Es herrschte Stille, meine Familie mußte fest schlafen.

Auf dem Tisch beim alten, schwarzen Telefon lag eine Zeitung, wo mein Vater sie hinzulegen pflegte. Opa muß die gleiche Angewohnheit gehabt haben. Ich sah mich im Wohnzimmer um. Es sah hier ganz anders aus. Einige Einrichtungsgegenstände erkannte ich jedoch.

Ich setzte mich auf den Stuhl am Telefon. Meine Eltern waren nicht nur jung. Sie standen kurz davor, ihre Verlobung bekanntzugeben. Wie sollte ich dem jungen, unbekannten Mann, der nun wahrscheinlich in meinem Zimmer schlief, erklären, daß ich sein Sohn sei. Ich stand auf. Ich wußte, daß der Dachboden nicht eingerichtet war. Ich schlich mich hinauf, legte mich auf den Boden und döste augenblicklich ganz erledigt ein. Bevor ich jedoch richtig einschlief, hörte ich mich schnarchen.

Einen Augenblick später, wie mir schien, schrak ich auf. Draußen war es ganz hell geworden. Ich sah Möwen über dem Dachfenster fliegen, im Jahr neunzehnhundertvierzig. Ich mußte hinunter in den Keller gelangen. Die einzige Hoffnung, wieder an die Zeitmaschine zu kommen, bestand darin, dort zu warten. Erla hatte den Knüppel nach vorne gedrückt, das bedeutete, daß sie vorwärts in die Zeit gereist war. Wenn sie irgendwann den Verstand hat, den Knüppel erneut an sich zu ziehen, dann besteht die schwache Hoffnung, daß sie wieder im Zimmer auftaucht. Diese Hoffnung ist jedoch verschwindend gering. Ich schlich an der Tür meines Zimmers vorbei. Sie war offen. Ich sah meinen Vater drinnen, als jungen Mann. Er machte gerade sein Bett. Ich erkannte ihn sofort von alten Photos. Ich ging schnell durch die Wohnung. Es war keiner auf den Beinen. Auf dem Läufer im Flur lag die Zeitung Morgunbladid. Ich hob sie auf und sah auf das Datum. 23. April 1940.

Ich verblieb fast eine Woche lang im Keller. Am dritten Tag war ein recht großes Treiben im Stock über mir. Die Mutter war wahrscheinlich heimgekommen, und nun hatte die Suche nach dem Kind begonnen. Ein Mann kam in die Waschküche herunter. Ich tat so, als würde ich vom Stromzähler ablesen. Er glaubte mir. Spät am vierten Tag war großes Getrampel, und später fiel Stille über das Haus. Ich wunderte mich etwas darüber, daß keine weitere Suche angestellt wurde. Ich saß lange da und sah auf den Boden, wo die Zeitmaschine verschwunden war und wachte so viel, wie mir möglich war. Käme Erla zurück, hieß es geistesgegenwärtig zu sein.

Ich rate Ihnen, zwei Männer auf Wache in die Waschküche zu stellen.

Der Hunger trieb mich um. Ich hatte nichts anderes zur Verpflegung gehabt, als Wasser aus der Leitung. Das Haus war menschenleer und trug Zeichen dessen, daß es in Eile verlassen worden war. Ich wühlte in der Küche meiner Familie herum und in der unteren Etage, fand aber wenig Eßbares, außer einer Packung steinharter Feigen. Also beschloß ich, in die Stadt hinunterzugehen und zu sehen, was mir zufiele. Ich hatte noch immer meine Digitaluhr. Irgendwer mußte mir für eine solche Kostbarkeit eine Mahlzeit geben wollen. Die Uhr ist jetzt in Ihrer Verwahrung. Ich rate Ihnen, diese Uhr Wissenschaftlern vorzulegen, Herr Konsul. Das könnte meine Geschichte stützen.

Es war ein schöner, sonniger Frühlingstag. Sie erinnern sich gut an ihn. Ich war vor Hunger und Schlaflosigkeit zu ausgelaugt, um die Verschlossenheit und den Schrecken vollständig wahrzunehmen, der nun in Reykjavik herrschte. Ich ging die

Bankastraeti hinunter. Sie war fast menschenleer. Ich ging auf der Austurstraeti. Ich bog nach links in die Posthusstraeti. Ich dachte, ich könnte mir am ehesten im Hotel Borg eine Mahlzeit besorgen.

Als ich schon fast angelangt war, bemerkte ich Sie, Herr Werner Gerlach. Sie standen in der Eingangstür im Hotel Borg. Ich erkannte Sie sofort. Soldaten standen auf beiden Seiten der Tür Wache. Da kam der junge Mann heraus, den ich bei den Öltanks auf Klöpp getroffen hatte. Er faßte Sie an der Schulter, deutete in meine Richtung und sagte etwas in hastigen Worten. Er war mit einem schwarzen Ledermantel bekleidet, der bis zu den Schuhen reichte. Sie sagen, daß, nachdem er mit mir gesprochen hatte, bei ihm ein Verdacht erwacht sei, daß die drohende Besetzung durch die Briten unmittelbar bevorstünde. Er hielt es für das richtigste, sich mit Ihnen zu beraten. Sie informierten unverzüglich das deutsche Militärkommando, welches drei Kreuzer zum Platz des Geschehens sandte.

Mein Blick fiel auf das Gebäude des Althings. Dort war die deutsche Fahne gehißt.

Sie riefen auf deutsch: »Nehmt den Mann fest, sofort.«

Die zwei SS-Männer reagierten.

Nun sitze ich schon seit nahezu einem Monat im Gefängnis in der Posthusstraeti und habe Ihnen Tag für Tag gesagt, woher mein Wissen stammt. Ich bin kein britischer Spion, wie in diesem Bericht klar zum Ausdruck kommt. Heute ist der 17. Mai. Eine Woche ist vergangen, seit das britische Heer das Land hätte besetzen sollen. Sie haben mir Papier und Stift gebracht und gesagt, einen Bericht zu verfassen und alles wahr und richtig zu erzählen. Nun komme ich zum Ende dieses Berichts.

In meinem Bericht an Sie, Herr Werner Gerlach, hochverehrter Befehlshaber der Streitkräfte der Deutschen in Island, habe ich in jeglicher Hinsicht die Wahrheit gesagt. Ich heiße Kristjan Adalsteinsson, bin der Autor einiger Bücher und unterrichte Geschichtswissenschaften an der Universität von Island. Ich komme aus dem Jahr 1991. Mir kommt es vor, als wäre es heute morgen gewesen, als ich meinen Bruder

Eysteinn auf der Treppe hörte. Ich hatte soeben mit der Post die deutsche Ausgabe meines Buches bekommen, »Das besetzte Island«. Als nächstes geschah, daß sich mir die Gelegenheit bot, mich aufzumachen und einen Mann zu ohrfeigen. Wir hatten noch eine alte Rechnung zu begleichen.

Übersetzt von Uli Ring

Vigdís Grímsdóttir

Wach auf, Dornröschen

Wach auf, Dornröschen
ehe die Hecke
ihre langen Finger
um dein schwächliches Gemurmel webt

Wach auf, Dornröschen
die 100 Jahre
veränderten nicht
die Prügel des Bäckers
das Nörgeln der Köchin
und die abgenutzte Spindel

Wach auf, Dornröschen
das Goldkleid gehört nicht dir
nicht die Hofnarren
nicht der Edelsteinpalast
der Traum gehört nicht dir

Wach auf, Dornröschen
nimm Aschenputtel an der Hand
grinse alt und schneide dem Prinzen Grimassen
nimm Aschenputtel an der Hand
und schneide ihr
schneide ihr
die Ferse ab

Ich bin eine großgewachsene Frau, schlank, und habe lange Gliedmaßen, meine Augen sind noch klar und die Wimpern dunkel, die Lippen schön geschwungen und voll, und es haben auch viele zu mir gesagt, daß ich jung aussehe für mein Alter und mich erstaunlich gut gehalten hätte. Solche Bemerkungen überraschen mich nicht, denn ich habe versucht, meine Jugend zu pflegen, obwohl ich mich immer mit dem Altern abgefunden habe. Ich sehe trotzdem keinen Grund dafür, schnell zu altern, wie es einige meiner Freundinnen getan haben, und ich habe alles versucht, was ich konnte, um es zu verhindern. Ich gehe jede Woche zur Kosmetik und zum Friseur, und mein Haar ist weich und lebendig, aber niemals struppig und gerupft wie das Haar mancher Frauen, die sich nicht die Zeit nehmen, es waschen und legen zu lassen. Ich gehe auch regelmäßig zur Gymnastik, und das sehe ich ganz einfach als meine Pflicht an. Ich fände es verantwortungslos, in Fettpolster und Falten zu verfallen, sowohl mir selbst als auch Pall gegenüber, dem Mann, den ich vor 20 Jahren heiratete. Pall hat Anspruch darauf, daß mein Körper attraktiv ist, und ich finde, man braucht mir nicht anzusehen, daß ich drei schwere Geburten hinter mir habe. Ich habe auch immer die Männer bemitleidet, deren Frauen sich nicht um ihr Aussehen kümmern, und ich habe immer behauptet, daß Frauen, die ihren Körper nicht pflegen, auch nicht denken, und daß ein gesunder und schöner Körper jede Frau glücklich und selbstbewußt macht, genauso wie stabile ökonomische Verhältnisse die Grundlage für eine glückliche Ehe sind. Ich bin auch bis auf den heutigen Tag davon überzeugt, daß ich das große Los gezogen habe, als ich Pall traf, der sich sofort in mich verliebte.

Pall war frischgebackener Jurist mit einer großen Zukunft, er hatte im selben Haus eine Kanzlei eröffnet, in dem sein Vater jahrelang seine geführt hatte. Pall war auch sicher, daß die Mandanten seines Vaters mit der Zeit zu ihm strömen würden. Als Pall mich zum ersten Mal mit sich in die Kanzlei nahm, wußte ich, daß meine Zukunft bestimmt war. Sofort sah ich, daß ich Pall meine Hand weder verweigern konnte noch wollte ... Der blanke Mahagonitisch mit frisch polierten Aschenbechern, die Bücherregale voller erlesener literarischer Werke und der Gesetzessammlung sowie Originale der angesehensten Maler des Landes zeugten von kultiviertem Geschmack und ausreichend Geld. Ich wußte auch, daß viel zu wenig Frauen daran dachten, daß ihre Liebe niemals in Armut und Elend erblühen könnte. Ich wußte auch, daß ich nicht so leben wollte, wie meine Mutter es getan hatte, in ewiger Furcht, nichts für die nächste Mahlzeit zu haben. Liebe und Armut paßten nicht zusammen. Ich war davon überzeugt, wenn Pall sein Büro dermaßen gut ausstatten konnte, wäre es für ihn kein Kunststück, mir ein schönes Heim auszustatten. Schon an diesem Tag sah ich unser Heim vor mir, und es durchfuhren mich wohlige Schauer bei dem Gedanken, daß es in meiner Macht stünde, dieses Traumbild in Erfüllung gehen zu lassen:

> Die Wohnzimmerfenster würden voller Blumen stehen, und kleine Porzellanfigürchen stünden mitten zwischen den Blumen wie Blumenelfen im Märchen. Vor den Fenstern hingen dicke braune Samtvorhänge und unter diesen Tüllgardinen mit Blumenmuster, um die üppige Natur auf der Fensterbank zu betonen. Ich würde selbstverständlich eine Couchgarnitur aus weichem, hellbraunem Nappaleder und davor einen Marmortisch mit vergoldeten Beinen wählen. Der Teppich auf dem Fußboden würde zu den Vorhängen passen, lediglich etwas heller, und die Bilder an den Wänden würde ich zusammen mit Pall auswählen, denn ich hatte sofort bemerkt, daß er ein Mann von Geschmack war, was die Malerei betraf. Die Küche und die Kinderzimmer, das Herrenzimmer und das Schlafzimmer würden wir gemeinsam einrichten, und ich wußte von vielen interessanten Ideen, die ich in ausländischen Zeitschriften verwirklicht gesehen hatte. Unser Heim würde von gutem Geschmack zeugen, und ich wußte, daß in einem solchen Heim das Glück blühte, von dem ich mir gewünscht hatte, daß es mein würde, seit ich ein kleines Mädchen mit Grübchen und Zöpfen war.

Ich bin mit meinem Dasein vollkommen zufrieden, wenn ich im hellbraunen Ledersofa im Wohnzimmer sitze, seufze und die langen, schön geformten Beine ausstrecke. Ich streiche über mein hochgestecktes, glänzendes Haar und sehe mich im Wohnzimmer um. Um meine Lippen spielt ein zufriedenes Lächeln, das diese nur schmückt, wenn ich mein Tageswerk gerade beendet habe und mir nichts mehr zu tun bleibt, als auf die Gäste zu warten.

Ich habe heute Geburtstag, was diejenigen am besten wissen, die um vier Uhr am 9. Mai jeden Jahres bei mir Brotauflauf, Waffeln mit Sahne, Bisquitrolle, Schokoladentorten, Sahnetorte, Kümmelkekse mit Butter und echte heiße Schokolade bekommen haben. Heute werde ich 42 Jahre alt, und ich mag den 9. Mai, denn er bringt mir die Sicherheit des Alters. An diesem Tag jeden Jahres spüre ich mehr und mehr, daß ich am richtigen Platz im Leben stehe, und dieser Tag ist auch der einzige, an dem ich und mein Werk ganz im Mittelpunkt stehen. Meine Freunde haben mir oft anvertraut, daß sie glauben, in mir stecke ein Künstler, wovon mein Heim am deutlichsten Zeugnis ablege. Ich erröte weder vor Stolz noch vor Zufriedenheit, wenn manche in mir einen versteckten Künstler sehen. Ich bin von meinen Fähigkeiten überzeugt und weiß, daß ich, wenn ich nicht vor 20 Jahren Pall geheiratet hätte, Dichterin geworden wäre. Das weiß ich; aber mir käme es nie in den Sinn, diesen Entschluß zu bereuen, den ich seinerzeit faßte. Ich bin der Ansicht, daß man, wenn man irgendeine Sache begonnen hat, sie zu Ende bringen soll, deshalb zeige ich keinem die Gedichte und Geschichten, die ich verfaßt habe, denn die Leute könnten meinen, daß ich mit meinem Dasein unzufrieden sei, und das möchte ich nicht. Und weil ich stolz bin, lasse ich mich von meinen Vorstellungen, was ich hätte tun können oder was ich hätte werden können, nicht beirren. Ich habe nie die Frauen verstanden, die über ihr Schicksal weinen, und ich habe nie junge Mädchen neidvoll angesehen, weil sie ihre Zukunft noch vor sich haben und nie dieselben Fehler machen werden wie ihre Mütter. Ich hoffe wirklich, daß meine Tochter die glückliche Ehe von mir und Pall nicht als Fehler ansieht, und ich habe auch nie ein Anzeichen dafür bemerkt. Ich glaube, daß jeder einzelne Mensch eine glänzende Zukunft hat, wenn er sich nur darum kümmert, und ich meine, daß die Leute ihr Schicksal selbst bestimmen, und deshalb sollte niemand sein Tun bereuen.

Ich schmiege mich ins Sofa, strecke die Beine noch weiter aus und schlüpfe aus den Schuhen. Ich mache – brbrbrbr – mit den Fingern an der Lippe, während ich auf die Uhr an der Wohnzimmerwand schaue und mit großer Erregung sehe, daß sie steht, das Pendel bewegt sich nicht. Ich fahre aus dem Sitz auf, schlüpfe wieder in die Schuhe, richte den Ausschnitt an meinem Kleid und spüre, wie das Herz in der Brust rast. Ich gehe zum Telefon und rufe die Zeitansage an. Die ruhige, schläfrige Stimme des Telefonfräuleins sagt mir, daß es 14.52.50 sei. Ich hatte mich um eine ganze Stunde verrechnet, zum ersten Mal im Leben. Es bleibt nichts zu tun für mich, als ruhig zu warten, bis die Gäste kommen. Ich setze mich wieder aufs Sofa, schaue auf die Kaffeetafel, die Teller, die Tassen, die Serviettendekoration an der Seite der Tassen, die Waffeln, den Untersetzer für den Brotauflauf, die Torten, die Kümmelkekse und die Kerzen. Lehne den Kopf zurück und schließe halb die Augen:

> Ich bin allein auf einer grünen Wiese. Die Sonne scheint, und die Vögel singen, ein Lüftchen spielt mit meinem langen Haar auf die gleiche Weise, wie es mit den Zweigen des Baumes am Wiesenrand spielt. Ich genieße die Einsamkeit, ziehe mir die Kleider aus, und in meinem jungen Körper, straff und schön, fühle ich das Glück, das allein die fühlen, die gut in ihre Umgebung passen. Ich strecke mich im Gras aus und wende das Gesicht der Sonne zu, greife mir einen Halm und kaue gedankenlos. Ich streiche mit schlanken Händen über meine Brüste, und ein winziger Schauer durchfährt mich. Auf einmal steht ein Mann vor mir, jung und schön. Er lächelt und legt sich zu mir. Aus seinen Augen leuchtet Bewunderung, und seine Hände liebkosen meinen Körper. Die Sonne wird heißer, und ich spüre eine Wärme, die ich nie zuvor gespürt habe. Nach und nach vergesse ich mich und kann eher spüren als sehen, daß er das auch tut, spüre seinen heißen Atem und die Schweißperlen am Rücken, spüre, wie wir eins werden mit der Natur, so jung, so allein und schön.

Ich schrecke auf, als die Türglocke klingelt, springe auf und reibe mir die Augen. Ich trete auf der Stelle und spüre die Hitze im Gesicht. Im Spiegel über dem Telefon im Flur sehe ich, daß rote Flecken auf dem Schlüsselbein sichtbar sind; die Perlenkette verdeckt sie nicht. Mein Haar ist auch in Unordnung gekommen, und ich kann nirgends meine Schuhe sehen. Die Türglocke klingelt wieder, und ich höre, daß Pall draußen vor der Tür meinen Namen ruft. Ich fahre schnell über mein Haar, und gleichzeitig erblicke ich meine Schuhe unter dem Couchtisch, packe sie und sage mit unsicherer Stimme, daß ich unterwegs sei, öffne die Tür und bekomme einen Geburtstagskuß direkt auf den Mund. Pall steht in der Tür, den Arm voller Blumen. – Alles Gute zum Geburtstag, meine Gute! – sagt er und schaut zur Kaffeetafel.

Übersetzt von Petra Schulze

Vigdís Grímsdóttir

Im Netz gefangen

Du sagtest
mein Kummer schliefe still
im Wasser
– zwei silbrige Fische –
ich zeig dir mein Spiel
und Schweigen.

Spiel

Das Mädchen sitzt mitten in der Kirche und um sie herum gleichgültige Leute mit gerecktem Hals und gefalteten Händen. Die Witwe in der ersten Bank senkt den Kopf, einsam und in Schwarz. Die Orgeltöne streicheln im Schweigen über ihr Haar.

Nachts und sie an seiner Seite.
An solchen Reichtum kann er sich nicht erinnern, er streichelt ihr Gesicht, und seine Fingerspitzen flüstern ihr ein Geheimnis zu: sie zwei in einem anderen Reich. Sie zwei, König und Königin. Zwerge verbeugen sich vor ihnen, und Diener bringen ihnen Geschenke aus fernen Ländern.
Seine geäderten Hände nicht mehr alt, und die Liebesgöttin singt ihnen ein Lied unter Harfenklängen.
Tags, und er geht auf und ab, wartet, daß die Zeit vergeht, ruft an und fragt sie nach ihrer Ungeduld. Sie lacht.
Er ruft seine Frau an, sagt, er wisse nicht, wie spät es werde, bittet sie, ohne ihn schlafen zu gehen.
Und er legt sich zu ihr unter Harfenklängen, und Zwerge und Diener verschwinden ganz lautlos, und seine Hände sind jung unter Harfenklängen.

Sie trägt Tarnkleidung, sieht sich selbst mit den Augen anderer. Geht aufrecht, weiß, was sie will, und damit macht sie Eindruck, gibt Anweisungen wie einer, der Macht hat und Respekt genießt. Sitzt kerzengerade unter Geigenklängen. Auf einem zugefrorenen See gleitet sie zu Elfen, fremd und aufregend. Betrachtet aufmerksam Bilder in Ausstellungen, geht zu manchen von ihnen zurück, ist eine Dame von Welt, die Augen der Leute ruhen auf ihr, und die Gemälde werden lebendig, gewinnen eine neue Dimension und einen tieferen Sinn. Ist unruhig im Theater, fingert an der Schokolade im Knisterpapier, bis sie aus der Tüte quillt, drängelt sich durch die Sitzreihe, stützt sich auf die Schultern der Leute und hinterläßt Schmierflecken auf der guten Garderobe.

Ist auf Arbeit unschuldig, lächelt den Arbeitskollegen untertänig zu, mischt sich nie in Gespräche ein, zeichnet Pläne durch und zieht sie mit Tusche nach.

Die Kollegen wollen sie beschützen, die Schutzlose, Einsame.

Jedesmal, wenn er Pläne holt, lächelt er ihr zu, ein gutmütiges altes Lächeln, und einmal lädt er sie zum Essen ein.

Sie spürt seinen Atem am Ohr, als er sich zu ihr über den Tisch beugt, nimmt die Einladung an, meint, eine neue Lebenserfahrung werde ihr die Romantik der Groschenromane eröffnen. Er ist der Graf und sie die Magd.

> Er will lediglich die Gesellschaft des Mädchens, ein Liebesverhältnis kommt ihm nicht in den Sinn, aber ihre Jugend und ihr Lachen wecken neues Leben in ihm. Er möchte sie berühren, sie an sich drücken und verbirgt seine Gefühle nicht. Sie lacht und zieht ihn zu sich. Er vergißt sich, spürt zum ersten Mal Hoffnung, muß festhalten und niemals loslassen.

Er verlangt zu viel, erwartet ständig ihre Liebe, wird zu einem zerlumpten Bettler. Sie ärgert sich über seine herzergreifenden Worte, findet, sie klingen ärmlich wie sein kindisches Flüstern nachts. Er bringt sie nicht mehr zum Lachen, obwohl sie es für ihn tut. Ihre Freude ist von der Klippe gestürzt wie die böse Gräfin im Märchen, und sie sieht sich nicht mehr mit den

Augen anderer, trägt nicht mehr ihre Tarnkleidung. Sie vermißt die Tage, in denen sie eine hochnäsige Dame von Welt, eine verschreckte Maus oder ein ungehobeltes Gör war. Sagt ihm, alles zwischen ihnen müsse aufhören, schiebt ihre Zukunft und seine Vergangenheit vor. Er wird zornig, sagt, er könne ohne sie nicht leben, sagt, er habe nie zuvor gelebt und sie dürfe nicht gehen. Für sie will er alles aufgeben und mit leeren Händen zu ihr kommen. Sie fühlt sich im Netz gefangen, und die bodenlose See ringsum, und sie versucht, sich von ihm zu lösen, aber seine Liebe füllt ihre Lungen.

Da sieht sie ihre Hoffnung aufsteigen.

einen Ausflug mit dem Auto verabredet
Sonntag
bereitet die Fahrt vor
holt sie ab
zerlumpt und verbraucht
bietet sich an zu fahren
sagt, er sei müde
nimmt an
bittet ihn, sich anzuschnallen
die Türen zu verschließen
sagt, sie habe Angst um ihn
fährt zum Hafen
die Sonne ist untergegangen
der Himmel rein nach dem Regen
bewundern die Schönheit
halten Händchen
gibt Gas
das Auto rast
wie der Blitz
über die Kaimauer
schaut
in seine Augen
seine verschreckten Augen
schafft es zu öffnen
das Wasser strömt
strömt

wird hochgespült
gegen den Strom
und er
reglos im Sitz
und den Kopf
zurück
und
die Augen
offen
Luft
schafft es die Kaimauer hoch
kalt
auf die Straße
und die Augen
offen
ein Auto
hält
und der Mund
offen
bricht zusammen
zittert
bebt

Still in der Kirche, und der Pfarrer hat den Trauergottesdienst beendet. Die Witwe steht auf, geht einsam und schwarz hinter dem Sarg. Tränen glitzern.

Das Mädchen fährt hoch, hat Ort und Zeit vergessen, starrt verwirrt die Witwe an und weint. Die Leute betrachten sie voller Mitleid.

– Das gute Mädchen, es geht ihr so nah –

und ein Mann mit schwarzem Hut sagt tröstend

– Er war ein alter Mann, mein Kind, alt und verbraucht, er hat die Ruhe gefunden, nach der er sich gesehnt hat. Das hat er mir selbst gesagt. –

Sie schaut den Mann an, wischt sich vorsichtig die Tränen aus den Augenwinkeln, zerdrückt ihr Taschentuch, blickt dem Trauerzug nach und sieht sich selbst, die Königin der Träume, in einer neuen Rolle.

Sie sieht ihr Spiegelbild im Kessel, eine großmäulige Katze ohne Augen, und das Zucken in ihrem Bauch wird zu einem flüsternden Tritt.

– Du siehst, wie das Haus explodiert. Läufst weg von den Trümmern. Weit. Weit. Läßt niemanden etwas wissen.

UND ICH BLEIB BEI DIR. –

Freut sich nicht, will nicht, weiß, daß sie keine Würde hat. Wenn sie aufs Land fährt, wird es heller.

– Du weißt, daß du auf dem Land nichts zu suchen hast. Das Land bekommt nur den Figuren in Büchern.

UND ICH BLEIB BEI DIR. –

– Geh ins Wartezimmer. Bekomm Schmerzen unter dem Brustbein und Hilfe. Das Mädchen holt ein Glas Wasser. Du fällst auf den Boden. Wachst in einem weißen Zimmer auf. Eine Frau beugt sich über dich und sagt: »Wir haben alles versucht.«

UND ICH BLEIB BEI DIR. –

– Sieh den Arzt. Er reibt den Bauch mit Öl ein. Lauscht durch ein Kabel. Er hört nichts. Sieh die Verzweiflung in seinen Augen. Spür deinen Herzschlag und hör: »Wir haben alles versucht.«

UND ICH BLEIB BEI DIR. –

– Denk an den Kinofilm, den du gesehen hast. Schau nicht nach dem Auto. Wirf dich davor. Wach im Krankenhaus auf. Öffne die Augen, und neben dir eine Stimme: »Wir haben alles versucht.«

UND ICH BLEIB BEI DIR. –

– Du hast Blut im Urin. Schlaf ein. Wach auf. Spür einen brennenden, schneidenden Schmerz. Etwas tropft. Ein Messer tief im Bauch. Du hast nicht die Kraft aufzustehen. Jemand kommt zu dir: »Wir haben alles versucht.«

UND ICH BLEIB BEI DIR. –

Hat Angst vor den Gedanken und der Machtlosigkeit, kann aber nichts ändern. Eines Tages mit dem Messer in den Rükken gestochen, und sie weiß, daß der Moment gekommen ist und sie einem neuen Menschen ins Auge blicken soll.

Kurze Zeit zwischen den Wehen und dann: ein kleines Kind, und weiße Hände streicheln sie und hinter den Nägeln hervor eine Stimme:

– Ein großes prächtiges Mädchen. –

– Ein großes prächtiges Mädchen. –

Sie sieht einen Wasserfall auf sich herabstürzen, und kaltes Wasser umströmt sie und Schlaf.

An die Brust gelegt und beißt in die Brustwarze. Sie hebt das Mädchen hoch und hält es vor sich, versucht, ihm ins Auge zu blicken, aber der Kopf hängt herunter. Sie legt es sich an die Wange und geht zum Spiegel:

UND ICH BLEIB BEI DIR. –

Und ihre Augen werden größer, schließen sich um sie beide, und sie ist wieder eine großmäulige Katze. Schweigt. Fürchtet, sich zu verraten. Steht allein mit ihr im Arm. Der Taxifahrer öffnet die Tür und gratuliert ihr.

Klagt nicht. Die Kleine ist ruhig, und die Hebamme sagt, sie gedeihe gut. Eines Morgens lächelt sie ihr zu.

UND ICH BLEIB BEI DIR. –

Und sie hat Angst, denkt daran wegzulaufen und frische Luft zu atmen.

– Weglaufen! Wozu wäre das gut? Betrüg dich doch nicht selbst.

UND ICH BLEIB BEI DIR. –

– Geh langsam zur Wiege. Sie weint. Beruhige sie. Sie will nicht schweigen. Geh mit ihr zum Treppenabsatz. Schau hinunter. Stolpere. Sieh ihr nach, wie sie die Treppe hinunterfällt. Lauf. Beug dich über sie. Sie atmet nicht.

UND ICH BLEIB BEI DIR. –

– Geh einkaufen. Laß sie zurück. Liegt allein im Bett. Lehn die Tür an. Spür die frische Luft. Sieh die Vögel. Vergiß die Zeit. Lauf. Deck sie auf. Sie atmet nicht.

UND ICH BLEIB BEI DIR. –

Muß Hilfe suchen, weiß nicht wo, wagt nicht, liest, weiß, daß die Antwort sich in Büchern verstecken kann, findet nichts und wagt nicht, versucht, mit einer Freundin und einem Arzt zu reden. Sie sagen, Frauen seien seltsam nach der Geburt, sagen, daß sich alles regeln werde, sagen, daß sie sich amüsieren und arbeiten müsse.

Arbeit tue dem Menschen gut, und sie werde sich erholen.

Versucht zu erklären, sagt, sie habe Angst, Angst um sich und das Mädchen, sagt, sie sei böse, und sie tätscheln sie und lächeln.

– Du hättest dir sparen können, mit ihnen zu reden. Sie verstehen überhaupt nichts und wollen nichts verstehen. Können nichts verstehen.

UND ICH BLEIB BEI DIR. –

Und sie hat Kopfschmerzen, kommt kaum aus dem Bett und kann die Augen nicht bewegen. Die Kleine weint. Ihre Hände zittern, aber sie muß das Mädchen baden. Der Fußboden ist kalt. Sie nimmt sie hoch, macht Wasser heiß, und der Schmerz wird schlimmer und das Zittern. Sie hört ein Pfeifen, und der Waschzuber ist voll, und sie sieht das Mädchen an und löscht das Licht.

UND ICH BLEIB BEI DIR. –

Übersetzt von Viola Lensch

Thórarinn Eldjárn

Flügelrauschen

1

Sie hatte oft erzählen hören, daß Adler Lämmer und sogar Kinder stehlen würden, aber sie sah ihn nicht, als er kam, und hatte deshalb keine Zeit, Angst zu bekommen, noch weniger konnte sie versuchen, sich zu retten oder ihn zu verjagen. Sie hörte nur dieses eigentümliche Sausen, von dem sie erst dachte, es sei der Wind, als sie eines Morgens am Wiesenrand saß, unterhalb des Hofes, vorne an der Strandkante, und auf das Meer hinaus schaute. Dieses schwere, kalte Sausen, das sie von da an nicht vergessen konnte, das Flügelrauschen des Adlers.

Es wehte auch ziemlich, und der Wind schien noch stärker zu werden, dunkle Streifen liefen über die Wasseroberfläche, und man sah immer mehr Schaumkronen. Dann kam dieser Schatten, der sie einhüllte, und machte sie frösteln. Erst dachte sie, daß eine Wolke vor die zögerliche Frühlingssonne gezogen sei und ihren Schatten genau auf den Fleck warf, wo sie an diesem Morgen saß. Sie wollte wegrücken, aber im selben Augenblick packte er sie mit seinen Krallen, und sie fühlte nur, wie sie furchtbar schnell immer weiter aufwärts schwebte. Sie war so dick eingepackt, daß er sie nicht verletzte. Ihre Mutter hatte ihr ein gestricktes Kleidungsstück über das andere angezogen, bis sie einem Garnknäuel ähnlich geworden war. Seitdem das kleine Brüderchen im Bach ertrunken war, wollte ihre Mutter sie immer vor allem behüten. Sie durfte sich kaum vom Hof entfernen, nicht klettern, nicht durchs Wasser waten, nicht zu nah ans Meer gehen, und ihr sollte nicht kalt werden. Und außerdem mußte sie immer diese rote Mütze aufhaben, damit man sie besser sehen konnte.

Ganz gleich, wie wenig weit sie sich aus der Sichtweite des Hofes entfernte, ihre Mutter fing sogleich an, sie zu rufen, zu suchen und zu ermahnen, aber jetzt mußte sie sich so viel um das kleine Kind kümmern, das immer krank war und es kaum länger als all die anderen machen würde. Dieses neue Kind war schuld daran gewesen, daß Brüderchen in den Bach gegangen war. Mutter konnte sich nicht gut genug um ihn kümmern, und er schlüpfte hinaus und begann zu waten.

Sie sah diese entsetzlichen Flügel, die auf beiden Seiten von ihr schlugen, und fragte sich, ob sie vielleicht auch gestorben und schon ein Engel sei, aber das konnte nicht sein, da wird man kalt und blau und wird in die Erde hinabgelassen, sie aber war auf dem Weg nach oben. Und nun vergaß sie über dem, was sie sah, alles andere: Sie sah, daß der Hof daheim zu einem winzig kleinen Grashöcker geworden war, die Berge wurden immer flacher, um schließlich zu verschwinden, neue Täler und Schluchten erschienen überall dazwischen, und dort lag noch der ganze Schnee vom Winter. Auf halbem Weg über dem Fjord öffnete sich ihr die Sicht hinein in das Tal, wo sie sich später, als erwachsene Frau, niederlassen sollte.

Das Gefühl, das sie auf dem Flug ergriff, war eine Empfindung unbeschreiblicher Freude, gesponnen aus Hochgefühl oder Losgelöstheit, sie war ganz außer sich, in einem eigenartigen Glückszustand, an den sie sich später immer erinnerte und der ihr ewig als Maß der Dinge diente. Sie wünschte sich sehnlichst, daß dies niemals wieder aufhören solle, aber ihr Wunsch erfüllte sich nicht, denn nun merkte sie, daß der Vogel begonnen hatte, tiefer zu fliegen. Sie waren direkt über der Insel, und sie sah, wie das Land sich schnell näherte, als ob sie davon angezogen würde, und im selben Augenblick schlug das Glücksgefühl um in Angst. Der Vogel ließ sie los, kurz bevor sie landeten, sie schlug im Geröll auf, schürfte sich ein wenig an Knien und Händen die Haut auf und begann laut zu heulen, worauf der Vogel wegflog, sich ein kleines Stück weiter oben am Hang ins Geröll setzte und dort abwartete. Es war, als hätte ihn alle Kraft verlassen.

Ihr wurde nun klar, daß sie allein war hier draußen auf der Insel und daß sie nicht auf den Felsen hinaufkommen würde, um die Leute auf der Insel um Hilfe zu bitten, die Höfe waren auch am anderen Ende, und hierher würde niemand kommen. Als sie den Knall hörte und der Adler wieder zum Flug abhob, rannte sie ein kurzes Stück hinter ihm her und fuchtelte wild mit den Armen, bevor sie stürzte, als ob sie ihn bitten wolle, sie wieder mitzunehmen, sie nicht zurückzulassen.

2

– Schaut euch das Adlerweibchen an, rief der Bootsführer, der am Heck gelegen und gedöst hatte, hat das nicht ein Lamm in den Krallen, zum Teufel!

Die Ruderer hoben die Ruder an, schauten alle über die Schulter und sahen gerade noch, wie sich der Vogel mit seiner Beute ganz oben in den Hang setzte. Der Vogel hob sich gegen den Himmel ab, aber die Beute sahen sie nicht mehr. Sie waren etwas nördlich der Insel, kamen vom Fischfang und waren auf dem Heimweg zum Westufer des Fjords.

– Lamm? Mir schien, als hätte es eine rote Mütze aufgehabt, sagte derjenige von ihnen, der der Jüngste war und am besten sehen konnte.

– Wahrscheinlich Blut, sagte der Bootsführer, die gehen bestimmt nicht sanft damit um, die Adlerweibchen.

Es begann immer mehr zu stürmen, und es war deswegen keinesfalls selbstverständlich, daß sie einen Umweg machten und auf die Insel fuhren, um zu versuchen, ein einzelnes Lamm zu retten. Es war auch sehr unwahrscheinlich, daß es noch am Leben war. Aber derjenige, der die Mütze gesehen hatte, ließ nicht locker und sagte, daß es kein Blut gewesen sei, und außerdem sei die Beute des Adlerweibchens erstaunlich groß gewesen für ein Lamm. Sie müßten nachsehen, koste es, was es wolle. Er war fest entschlossen und sprach überzeugend, und sie gaben ihm nach.

Während sie zur Insel ruderten, brüllten und heulten sie unaufhörlich, und der Bootsführer feuerte das Gewehr ab. Dadurch wurde der Adler verscheucht und flog nun mit leeren Krallen nach Westen über den Fjord und verschwand schnell aus ihrem Blick.

Sie legten an, und die zwei Flinksten wurden den schmalen Pfad hinaufgeschickt. Sie kamen dorthin, wo das Mädchen lag, ohnmächtig und, ganz richtig, mit einer roten Mütze.

Ihr Zustand besserte sich nicht, bis sie mit ihr hinunter auf das Boot gekommen waren. Niemand kannte sie, sie wußten sicher, daß sie nicht von der Insel war und nicht vom Westufer, wußten jedoch wenig von den Höfen auf der anderen Seite, aber als sie begann, sich zu erholen, konnte sie ihnen sagen, daß sie von Nes käme. Obwohl ein Sturm aufzuziehen schien, hielten sie es für geboten, unverzüglich nach Osten zu rudern und das Kind wieder bei sich zu Hause abzuliefern.

Das Wetter wurde immer schlechter, und als sie am Landeplatz in Nes angekommen waren, begnügten sie sich damit, den tüchtigsten Mann zu beauftragen, das letzte Stück mit ihr an Land zu waten, während die anderen gegenruderten, sie wollten das Boot nicht festmachen, nicht Gefahr laufen, daß es auseinanderbrach, und mußten sich auch beeilen, da die See bald toben würde.

3

Kaum war sie allein über die Strandkante heraufgetrottet, kam ihr ihre Mutter entgegengelaufen, sichtlich wütend und erleichtert zugleich, und fragte sie immer wieder:

– Wo bist du gewesen, Kind? Wie wir dich gesucht haben, dein Vater ist oben auf dem Berg, und die Jungs gingen am Bach hinauf, und keiner ist bei der Arbeit. Wo bist du gewesen, antworte Kind, sagte sie und schüttelte sie, aber der Griff verwandelte sich in eine Umarmung. Wie hast du dir so die Haut abgeschürft, bist du geklettert? Ich hatte solche Angst, du darfst mir keine solche Angst machen, ich dachte, ich hätte dich auch verloren, jetzt, wo es dem kleinen Schwesterchen endlich besser geht.

Sie wollte die ganze Geschichte genau erzählen und fing schon an:

– Es kam ...

Aber sie machte sich im selben Augenblick klar, wie unwahrscheinlich es war, daß ihr irgend jemand glauben würde, die Männer waren auch längst aufs Meer hinaus verschwunden. Sie wollte zu allem hin nicht auch noch Schelte bekommen, weil sie Lügen oder dummes Zeug erzählte, deshalb fuhr sie fort:

– Es kam ... eine solche Müdigkeit über mich, daß ich einfach einschlief hier am Wiesenrand, und zu träumen begann, und dann stolperte ich am Strand, als ich wieder aufwachte.

Und als die Jahre vergingen, begann sogar sie selbst zu glauben, daß es so gewesen war. So lange, bis sie in das Tal zog, ganz oben auf dem Höhenzug Rast machte und alle die Höfe wiedersah, so wie sie ihr der Adler in ihrer Jugend gezeigt hatte. Als Bäuerin in dem Tal traf sie später auch jenen Mann mit den scharfen Augen, der zuerst die rote Mütze gesehen hatte und später mit ihr an Land gewatet war. Er war jetzt ein angesehener Bauer in dieser Gegend, und leise frischten sie gemeinsam die Geschichte wieder auf. Die Bootsleute hatten aber seinerzeit vereinbart, über die Begebenheit Stillschweigen zu bewahren, damit sie keine Rüge dafür erhielten, weil sie es unterlassen hatten, auf Nes Nachricht zu geben. Nie erwähnte sie dies jedoch gegenüber ihrem Mann oder ihren Kindern, aus Rücksicht auf ihre Retter.

Steinalt begann sie schließlich ihren Urenkeln von dieser Begebenheit zu erzählen, aber man hielt das alles für baren Unsinn und senile Hirngespinste, und deshalb ist die Geschichte nicht überliefert worden.

Übersetzt von Andreas Blum

Thórarinn Eldjárn

Die Saga von den Leuten aus der Keflavik

Eines Tages im ausgehenden zwanzigsten Jahrhundert kam ein Landnehmer in die Keflavik in den Nördlichen Fjorden. In aller Herrgottsfrühe an einem schönen Junimorgen segelte sein Schiff, ein kleiner Knörr, breit und hochbordig, in die Bucht. Es gab keinen ordentlichen Segelwind, und bald sah man, wie Schiffsleute sich in die Riemen legten und kräfig ruderten, bis sie unter einer Klippe an Land gehen konnten. Dort sprangen zwei Leibeigene von Bord mit einer Leine, die sie um eine Felsspitze schlangen und verknoteten. Der Landnehmer stieg mit Glut in einem Eimer über die Bordwand, kletterte an Land und begann sogleich mit der Landnahme.

Währenddessen halfen die Leibeigenen seiner Frau und einem Kind an Land, und dann schleiften sie mehr schlecht als recht das Vieh auf den Strand: ein paar struppige Schafe und einen Widder, eine Kuh, die seekrank schien, und eine Handvoll Kälber, ein abgemagertes Pferd und einige Fohlen.

All das beobachteten drei junge Gymnasiallehrer: Jon, Sigurd und Bjartmar, die mit Schlafsäcken unter freiem Himmel in einer Bergsenke weiter westlich im Tal übernachteten. Am Tag zuvor waren sie aus dem Fossdal nördlich von Latrar über den Paß Uxaskard gewandert. In den nächsten Tagen wollten sie weiter durch die Fjorde und schließlich zurück in bewohnte Gegenden: über die Leirdalsheidi hinunter nach Grenivik, wo ihr Auto stand.

Sigurd war gegen halb fünf aufgewacht, um Wasser zu lassen, und hatte dabei dieses merkwürdige, altertümliche Schiff bemerkt, das in die Bucht gesegelt war. Er weckte seine Freunde, und abwechselnd verfolgten sie mit dem Fernglas die Geschehnisse und machten überdies eine Menge Fotos. Trotzdem versuchten sie, sich dabei so still wie möglich zu verhalten, denn lange Zeit nahmen sie an, daß ein Wikingerfilm gedreht würde, und sie wollten die Aufnahmen nicht stören.

Bald jedoch wurde ihnen klar, daß solches hier nicht der Fall war, schließlich war nirgendwo ein Regisseur zu sehen, ebensowenig ein Aufnahmeteam mit seiner ganzen Ausrüstung. Der Ernst der Lage wurde ihnen richtig bewußt, als der Landnehmer plötzlich mit Feuer und voll bewaffnet in ihre Richtung gesprungen kam und den Berghang in unmittelbarer Nachbarschaft ihres Lagers zu seinem Eigentum erklärte. Glücklicherweise gelang es ihnen, sich so flach auf den Boden zu werfen, daß er sie nicht bemerkte. Allerdings ging er dermaßen dicht an ihnen vorbei, daß sie ihn deutlich irgendwelche Beschwörungen in einer seltsamen und altertümlichen Sprache murmeln hörten. Bjartmar war Isländischlehrer und versicherte seinen Freunden, der Mann hätte Altnordisch gesprochen. Zwar war es ihm nicht gelungen, auch nur ein einziges Wort zu verstehen, aber die Lautquantitäten, sagte er, hätte er in ihrer alten, unveränderten Form wahrgenommen und deutlich gehört, daß es Nasalvokale gäbe, und im übrigen wäre das alte Vokalsystem noch völlig intakt gewesen, aber doch ziemlich verschieden von dem, wie es sich die Wissenschaftler bisher vorgestellt hätten.

Sobald der Landnehmer wieder außer Sichtweite war, begannen die Freunde zu beratschlagen, und sie beschlossen, sich so schnell wie möglich in bewohnte Gegenden zu begeben und Bericht zu erstatten. Also liefen sie geradewegs ins Tal und wanderten zurück über den Uxaskard, und es gelang ihnen zu verschwinden, ohne daß die Landnehmer sie bemerkten.

Das letzte, was die Freunde von den Leuten in ihrem Fernglas sahen, war, daß der Bauer und einer der Leibeigenen begonnen hatten, Stangen über die Ruinen eines Ödhofs in der Bucht zu legen. Sie breiteten ein Segel über die Stangen und schleppten Steine und Grassoden für die Wände heran. Der andere Leibeigene war damit beschäftigt, das Vieh auf die Weide zu treiben, und er versuchte, so schien es ihnen, es ein wenig aufzumuntern. Die Bäuerin saß vor der Tür, wachte über das kochende Essen im Topf und gab ihrem Kind die Brust.

Als die Freunde schließlich entkräftet und unausgeschlafen wieder unter Leute kamen und ihre Neuigkeiten berichteten, schenkte ihnen zunächst kaum jemand Glauben. Doch die

Fotos waren schnell entwickelt, und danach verlangte niemand weitere Zeugen. Die zuständigen Behörden wurden benachrichtigt, und gleich am darauffolgenden Abend war das Ganze der Aufmacher in den Radio- und Fernsehnachrichten. Die drei Freunde wurden interviewt, und man zeigte ihre Fotos. Die Neuigkeit weckte, wie zu erwarten, außerordentliches Interesse, und viele wollten nun hinaus in die Keflavik, um die Landnehmer zu sehen. Die Behörden allerdings legten eine ungewöhnliche Umsicht an den Tag, richteten ein Sperrgebiet in den Fjorden ein und verboten der Allgemeinheit und den Medien jeglichen Zugang. Wachen wurden an den wichtigsten Bergpfaden aufgestellt. Außerdem wurde die Schiffahrt in diesem Gebiet strengstens untersagt, und die Piloten wies man an, sich mit ihren Maschinen fernzuhalten.

Es gelang erstaunlich gut, die Landsleute dazu zu bringen, ihre Neugier im Zaum zu halten und die aufgestellten Regeln zu beachten, schließlich geschah dies alles im Interesse der Wissenschaft. Die Menschen waren sich darüber einig, daß sich hier die einmalige Chance eröffnete, zu untersuchen, wie die isländische Landnahme tatsächlich abgelaufen war: Die Geburt der isländischen Volksseele mitzuerleben – wenn es denn auf irgendeine Art und Weise möglich würde, die Leute zu beobachten, ohne sie auch nur im geringsten zu stören.

Also kam man bald auf die Idee, zu versuchen, eine umfassende Abhöranlage in der Bucht zu installieren, und es ergab sich wie von selbst, daß wegen seiner Vertrautheit mit dem Ort und den Gegebenheiten einer der drei Freunde diese gefährliche Aufgabe übernehmen müßte.

Es war eigentlich selbstverständlich, daß aufgrund seiner Ausbildung und seinem allgemeinen Interesse an isländischer Sprache und Kultur Bjartmar sich für diese Fahrt meldete. Eines Nachts Anfang Juli machte er sich auf den Weg. Man hatte ihn mit einem genial ausgetüftelten Rucksack ausgestattet, in dem perfekte und doch kompakte Bild- und Tonaufnahmegeräte verstaut waren, die sich via Satellit fernsteuern ließen. Die Geräte waren an Batterien angeschlossen, die man ebenfalls nach Bedarf via Satellit wiederaufladen konnte. Der Rucksack war in grauen und grünen Tarnfarben gehalten und höchst unregelmäßig in der Form, um ihn so verstecken zu können, daß er mit der Landschaft eins würde.

Bjartmar wurde von einem Hubschrauber oben auf dem Uxaskard abgeseilt, und dann ging er das letzte Stück des Weges zu Fuß, um keine Störung zu verursachen. Als er ankam, lagen Mensch und Tier in festem Schlaf, und es gelang ihm, eine hervorragende Stelle zwischen großen Steinen auf einem Hügel hinter dem Haus zu finden. Dort war es ihm gelungen, den Rucksack gut zu plazieren, und er hatte die Geräte schon in Gang gesetzt. Die Leute, die das Unternehmen in der Zentrale in Akureyri mitverfolgten, gaben ihm Anweisungen zur Feineinstellung der Geräte, als sie zu ihrem Entsetzen sahen, daß der Landnehmer auf den Beinen war. Er schlich sich von hinten mit gezogenem Schwert an Bjartmar heran. Die Techniker versuchten, Bjartmar zu warnen, aber es war zu spät: Als er sich umdrehte, stand der Heide schon direkt vor ihm.

Ohne Umschweife griff er den unglückseligen Bjartmar an, schlug ihm den Kopf ab und setzte diesen an sein Hinterteil. Das alles wurde in der Zentrale auf Band gezeichnet, und als die Bilder am Abend im Fernsehen ausgestrahlt wurden, machten sie die Bevölkerung schaudern.

Schon zu diesem Zeitpunkt forderten viele, der Untersuchung ein Ende zu machen und den Übeltäter zur Rechenschaft zu ziehen. Man zog es jedoch vor, das Experiment fortzuführen, nicht zuletzt auf Verlangen von Linguisten und Ethnologen, die lange Zeit wie gefesselt vor dem Bildschirm in der Zentrale saßen und für nichts anderes Augen und Ohren hatten. Es wurde außerdem beschlossen, die Sendung im Hauptsaal des Universitätskinos in Reykjavik zu wiederholen und von der Bevölkerung Eintritt zu verlangen, um die Untersuchung zu finanzieren. Der Andrang war ungeheuerlich, die Warteschlangen lang, und nicht jeder kam hinein.

In der verhältnismäßig kurzen Zeit, die die Untersuchung andauerte, kam sehr viel Merkwürdiges über Benehmen und Lebensweise der Leute ans Licht, unschätzbare Originalquellen zur Geschichte des Landes, der Sprache und der Kultur, die all unsere Vorstellungen über die erste menschliche Besiedlung des Landes revolutionierten.

Es muß jedoch wahrheitsgemäß berichtet werden, daß viele der Marotten des Landnehmers nicht gerade auf große Begeisterung bei den Menschen stießen. Er war trunksüchtig und gewalttätig, er tyrannisierte die Leibeigenen und mißhandelte sie und schlug darüber hinaus Frau und Kind täglich. Das Vieh schien nicht bei bester Gesundheit zu sein, weshalb nicht zuletzt die Bauern besorgt waren. Sie hatten Angst vor Ansteckung und wiesen ganz richtig darauf hin, daß diese Landnahme die Verletzung einer Vielzahl von Gesetzen darstelle, unter anderem der Bestimmungen zur Einfuhr von Tieren sowie außerdem des Gesetzes zur Steuerung der landwirtschaftlichen Produktion.

Andere verwiesen auf die ständigen Straftaten Keflis, wie man begonnen hatte, den Landnehmer zu nennen: Verletzungen der Alkoholverordnung und des Arbeitsrechts und dazu seine allgemeinen Menschenrechtsverletzungen gegenüber Leibeigenen und Familie. Das führte zu einigem Medienrummel, und jeder hatte seine ganz persönliche Meinung. Viele waren der Ansicht, der Landnehmer dürfe kaum bei rechtem Verstand sein, und die Schlüsse, die man aus seinem Verhalten ziehen könne, seien deshalb als Quellen wenig bedeutsam. Am wahrscheinlichsten sei, daß er während seines mehr als elfhundertjährigen Aufenthaltes im Grönlandgletscher einen Hirnschaden davongetragen habe. Es war die Vermutung vieler, daß Kefli wohl mitsamt seinen Leuten, nachdem sie auf See die Orientierung verloren hatten, einstmals dorthin getrieben worden war, um dann vor kurzem aus seinen eisigen Fesseln befreit zu werden, als durch den schnellen Temperaturanstieg und das plötzliche Tauwetter infolge des Treibhauseffekts die Eisberge begannen, auseinanderzubrechen und ins Meer zu stürzen.

Trotz solcher kritischer Stimmen setzte sich doch der Standpunkt jener durch, die an dem einzigartigen Experiment unbedingt festhalten wollten.

Bjartmars Familie gab sich wie zu erwarten mit diesem Ende der Geschichte nicht zufrieden, Bjartmar schien ihnen ungesühnt zu Füßen von Menschen und Hunden zu liegen. Seinen Verwandten tat es weh, in Direktübertragung mit ansehen zu müssen, wie seine Leiche mit dem Schädel am Hintern im Vordergrund des Bildausschnitts verweste, doch gelang es ihnen nicht, dem Treiben Einhalt zu gebieten. Gleichwohl brachte es das Faß zum Überlaufen, als Kefli eines Tages im Bierrausch seine Leibeigenen zwang, mit ihm Ball zu spielen – mit Bjartmars Kopf als Ball – und dazu eine Strophe sprach:

Arschloch bohrt der Barsche ins
gebrochenes hochsehend Auge.
Als Ball dem Recken nun rolle
Rohlings Schädel hohler,
tauben am Ohre tobe
–Tor schieße vorlings –
Furz des faulen Sterzes,
mit Fuß der Knecht nicht schlechte.

(Von den Wissenschaftlern im Kino folgendermaßen in Prosa gebracht: *Hochsehend bohrt der Barsche [sein] gebrochenes Auge ins Arschloch. [Des] Rohlings hohler Schädel rolle dem Recken nun als Ball. Am tauben Ohre tobe [ein] Furz des faulen Sterzes. Der nicht schlechte Knecht schieße ein Tor vorlings mit [dem] Fuß.*)

Als außerhalb des Kinos bekannt wurde, daß der ganze Saal völlig erschöpft vor Lachen am Boden gelegen hatte, während dies geschah, hatte Bjartmars Verwandtschaft genug. Seine zwei Brüder, die beide der Wikingerstaffel der Polizei angehörten und zudem Fallschirmspringer waren, beschlossen zu handeln, aufgestachelt von ihrem betagten Vater, der seinen ältesten Sohn sehr betrauerte. Sie flogen im Flugzeug ihres Schwagers nach Norden und sprangen mit Fallschirmen aus großer Höhe hinunter ins Keflavikurdal, und es gelang ihnen, nahe dem Hof zu landen. Da erschossen sie Kefli den Landnehmer aus der Entfernung mit Maschinengewehren, als er ihnen heulend und einen Hauspieß schwingend entgegenkam.

»Jetzt versuch zu dichten, du Schwein!« hörte man die Brüder durch den Kugelhagel brüllen.

Die Leibeigenen und die Frau fielen ihnen zu Füßen und winselten um Gnade, in der vollen Überzeugung, die Brüder seien von den Göttern gesandt.

Damit war diese Landnahme beendet. Man fand es nicht lohnenswert zu beobachten, ob die Frau und die Leibeigenen versuchen würden, dort im Norden auf irgendeine Weise weiterzumachen. Die Störung von Seiten der Zivilisation war schon viel zu groß, als daß weiterhin irgendwelche bedeutsamen Schlüsse aus dieser Landnahme hätten gezogen werden können. Das mußten nun alle eingestehen.

Das Sozialamt nahm sich der Menschen an, Schiff und Hausrat wanderten ins Nationalmuseum, das Vieh wurde eingeschläfert, und die Veterinäre untersuchten die Kadaver. Den Leibeigenen wurde selbstverständlich sofort die Freiheit geschenkt. Diese Lebensweise bekam ihnen allerdings nicht besonders gut. Sie verfielen beide der Trunksucht und wurden schließlich nach Irland abgeschoben.

Die Frau machte sich besser und faßte in der Gegenwart unglaublich schnell Fuß. Sie verweigerte jegliche Zusammenarbeit mit Wissenschaftlern, was Sprachuntersuchungen anging, lernte in kürzester Zeit Neuisländisch, spricht nun ohne Akzent und arbeitet in der Gefrierhalle der Fischereigesellschaft von Akureyri, und das Kind geht in den Kindergarten. Am Wochenende amüsiert sie sich oft im Sjallinn. Ich habe sie dort getroffen und versucht, etwas aus ihr herauszukitzeln, aber sie sagt, sie wolle über die Vergangenheit nicht sprechen. Trotzdem schließt sie nicht aus, daß es ihr einfallen könnte, etwas zu Papier zu bringen, wenn sie erst einmal schreiben gelernt hat.

Übersetzt von Viola Lensch

Biographische Anmerkungen zu den Autoren

Andri Snaer Magnason

geboren 1973, ist teilweise in Amerika aufgewachsen. Er hat Gedichte und Prosatexte veröffentlicht und ist einer der erfolgreichsten jungen isländischen Autoren.

Sein Gedichtzyklus *Bonusljód* (»Bonus-Gedichte«, 1996) stellt das Leben und Treiben in einem Supermarkt – Bonus ist die isländische Entsprechung zum deutschen Aldi – als Szenen mit kosmischer Bedeutung dar, als Göttliche Komödie beim Billiganbieter.

Das Kinderbuch *Sagan af bláa hnettinum* (»Die Geschichte vom blauen Planeten«, 1999) wurde mit dem Isländischen Literaturpreis ausgezeichnet.

Die Erzählung *Gras* (isl. *Gras*) ist seiner 1996 erschienenen Sammlung *Engar smá sögur* (»Keine Kurz-Geschichten«) entnommen, sie wurde von Andreas Blum übersetzt; *Schlaf, meine Liebe* (isl. *Sofdu ást mín*) wurde nach einem unpublizierten Manuskript des Autors von Viola Lensch übersetzt.

Álfrún Gunnlaugsdóttir

geboren 1938, hat in Spanien und in der Schweiz studiert und ist Professorin für Vergleichende Literaturwissenschaft an der Universität von Island. Sie hat Romane und Erzählungen veröffentlicht, die durch ihren eleganten Stil und ihre raffinierte Erzähltechnik bestechen.

Ihr 1993 erschienener Roman *Hvatt ad rúnum* (»Im Vertrauen«), der drei Handlungen auf verschiedenen Zeitebenen zu einem Ganzen verwebt, wird in deutscher Übersetzung in der Reihe Neue isländische Literatur des Steidl Verlags erscheinen.

Die beiden hier abgedruckten Erzählungen, *Variation I* und *Variation IV* (isl. *I* bzw. *IV*), sind dem Band *Af manna völdum. Tilbrigdi um stef* (»Das haben Menschen getan. Variationen über ein Thema«) entnommen, der 1982 erschienen ist, und wurden von Tanja Witzgall übersetzt.

Frída Á. Sigurdardóttir

geboren 1940, ist Literaturwissenschaftlerin und hat u. a. als Bibliothekarin gearbeitet. Sie hat mehrere Romane und Sammlungen von Erzählungen veröffentlicht, deren große Stärke in einer überaus feinfühligen Darstellung der menschlichen Psyche liegt.

Ihr erfolgreichstes Buch ist der Roman *Ninas Geschichte* (isl. *Medan nóttin lídur*) aus dem Jahre 1990, für das sie u. a. mit dem Isländischen Literaturpreis und dem Literaturpreis des Nordischen Rates ausgezeichnet wurde. *Ninas Geschichte* ist in der Reihe Neue isländische Literatur des Steidl Verlags erschienen.

Die Erzählungen *Der Sprung* (isl. *Stökkid*) und *Morgengrauen* (isl. *Dagsskíma*) sind beide dem Erzählband *Vid gluggann* (»Am Fenster«) von 1984 entnommen und wurden von Julia Dürr übersetzt.

Gudbergur Bergsson

geboren 1932, hat nach einer Lehrerausbildung in Spanien studiert und lebt in Island und in Spanien. Er hat seit Beginn der sechziger Jahre über zwanzig Romane und Erzählsammlungen veröffentlicht.

Den großen Durchbruch als Schriftsteller brachte ihm sein Roman *Tomas Jonsson metsölubók* (»Tomas Jonsson, Bestseller«) von 1966, der als ein Markstein in der Entwicklung der modernen Literatur Islands gilt. Sein bisher größter internationaler Erfolg ist *Der Schwan* (isl. *Svanurinn*), erschienen 1991, der mit dem Isländischen Literaturpreis ausgezeichnet wurde.

Zwei Romane des Autors sind in der Reihe Neue isländische Literatur des Steidl Verlags erschienen: *Der Schwan* und *Liebe im Versteck der Seele* (isl. *Sú kvalda ást sem hugarfylgsnin geyma*).

Die Erzählung *Die vierte Weihnachtsgeschichte: Jesus lehrt einen Kommunisten, nicht mehr seine Frau zu betrügen* (isl. *Fjórda jólasagan: Jesú kennir kommúnista ad hætta ad halda fram hjá konunni sinni*) entstammt seinen *Jólasögur úr samtímanum* (»Weihnachtsgeschichten aus der Gegenwart«) von 1995, sie wurde von Hans Brückner übersetzt; die Erzählung *Als isländischer Autor im Ausland* (isl. *Ad vera íslenskur höfundur í útlöndum*) ist einer 1999 vom isländischen Verlegerverband herausgegebenen Anthologie von Erzählungen zeitgenössischer Autoren entnommen, die den Titel *Thrisvar thrjár sögur* (»Dreimal drei Geschichten«) trägt. Die Erzählung wurde von Petra Schulze übersetzt.

Ólafur Gunnarsson

geboren 1948, hat Gedichtbände und Kinderbücher publiziert, ist aber vor allem als Autor von Romanen und Erzählungen bekannt geworden, in denen breite, realistische Geschichten mit einem moralischen und religiösen Unterton erzählt werden.

Sein ambitioniertestes und erfolgreichstes Werk ist eine Romantrilogie, deren erster Band *Tröllakirkja* (»Riesenkathedrale«) in der Reihe Neue isländische Literatur des Steidl Verlags erscheinen wird.

Die Erzählung *Graues Silber: Eine alte Rechnung* (isl. *Grátt silfur*) ist dem Buch *Sögur úr Skuggahverfinu* (»Geschichten aus dem Schattenviertel«) entnommen, das 1990 erschien. Sie wurde von Uli Ring übersetzt.

Vigdís Grímsdóttir

geboren 1953, hat Pädagogik und Isländisch studiert und viele Jahre als Lehrerin gearbeitet. Seit ihrem Debüt in den frühen achtziger Jahren hat sie etwa ein Dutzend Bücher veröffentlicht: Erzählungen, Kinderbücher, Lyrik und Romane. Ihre Popularität und ihr Ansehen als einer der innovativsten isländischen Autoren ihrer Generation beruht vor allem auf den Romanen, für die sie mehrfach ausgezeichnet wurde.

Ihr Roman *Das Mädchen im Wald* (isl. *Stúlkan í skóginum*) von 1992 ist in der Reihe Neue isländische Literatur des Steidl Verlags erschienen.

Die Erzählung *Wach auf, Dornröschen* (isl. *Vaknadu Thyrnirós*) stammt aus dem Erzählband *Tíu myndir úr lífi thínu* (»Zehn Bilder aus deinem Leben«), erschienen 1983, sie wurde von Petra Schulze übersetzt; die Erzählung *Im Netz gefangen* (isl. Hún finnur net umlykja sig) ist dem Erzählband *Eldur og regn* (»Feuer und Regen«) von 1985 entnommen und wurde von Viola Lensch übersetzt.

Thórarinn Eldjárn

geboren 1949, hat in Schweden studiert. Er ist Lyriker und Prosaschriftsteller und hat seit seinem Debüt 1974 über zwanzig Bücher veröffentlicht, vor allem Gedichtbände und Erzählsammlungen, aber auch Romane und Kinderbücher.

Ein wichtiges Thema in seinem von großer Ironie und viel Humor geprägten Schaffen ist das Verhältnis der heutigen Isländer zu ihrem kulturellen Erbe. Eines seiner bekanntesten Werke ist der Gedichtzyklus *Disneyrímur* von 1978, der den unaufhaltsamen Aufstieg des Trickfilmkönigs Walt Disney mit den Mitteln der traditionellen isländischen Rímur-Dichtung darstellt.

Die Erzählung *Flügelrauschen* (isl. *Arnsúgur*), die der vorliegenden Anthologie den Titel gegeben hat, wurde der Erzählsammlung *Sérdu thad sem ég sé* (»Ich seh' etwas, was du nicht siehst«), erschienen 1998, entnommen und von Andreas Blum übersetzt; die Erzählung *Die Saga von den Leuten aus der Keflavik* (isl. *Keflvíkingasaga*) stammt aus der Sammlung Ó fyrir framan (»Mit un- davor«), von 1992, und wurde von Viola Lensch übersetzt.

HALLDÓR LAXNESS

Weltlicht

Roman
Aus dem Isländischen von
Hubert Seelow
Band 12 der Werkausgabe
664 Seiten, Leinen mit Schutzumschlag
DM 48,00

*

Olafur Karason ist ein Fremdling im Island der dreißiger Jahre. Einer auf das bloße Überleben ausgerichteten Welt setzt Olafur die Schönheit der Literatur entgegen. Er durchquert weite Teile des Landes und verkehrt mit Menschen aus allen Gesellschaftsschichten. Mit liebevoller Zärtlichkeit, Spott und Ironie, aber auch mit bitterer Ablehnung werden all ihre Lebensgewohnheiten und Eigenarten beleuchtet.
Dieser Künstlerroman des isländischen Nobelpreisträgers war bisher nur in einer sprachlich veralteten deutschen Übertragung vorhanden. Mit der Neuübersetzung von Hubert Seelow liegt jetzt die lang erwartete Fassung innerhalb der Laxness-Werkausgabe vor.

Bitte fordern Sie das kostenlose Gesamtverzeichnis an:
Steidl Verlag · Düstere Str. 4 · 37073 Göttingen

HALLDÓR LAXNESS

Das gute Fräulein

Erzählung
Aus dem Isländischen von Hubert Seelow
96 Seiten, stb 90
DM 9,80

*

Von »Fräulein« Rannveig erzählt die Geschichte, einer der berühmtesten des isländischen Nobelpreisträgers. Als die junge Frau mit einem unehelichen Kind aus Kopenhagen in ihre Heimat im hohen Norden zurückkehrt, erlebt sie am eigenen Leib, was die liebe Verwandtschaft unter Wohlanständigkeit versteht und was sie damit anrichtet. Besonders die ältere Schwester, die schöne Thurid, übertrifft alle anderen darin, die »Sünderin« auszugrenzen.

GUDBERGUR BERGSSON

Liebe im Versteck der Seele

Roman
Aus dem Isländischen von
Hans Brückner
Neue isländische Literatur
Herausgegeben von Hubert Seelow
400 Seiten, Leinen mit Schutzumschlag
DM 38,00

*

Ein Vermächtnis mit Tücken. Von seinem Jugendfreund erbt der Erzähler, ein verheirateter Ministerialbeamter Mitte Vierzig, ein Vermögen – und dessen Liebhaber. Über sein Familienleben hat sich schon vor geraumer Zeit jene so komfortable wie frustrierende Betäubung gelegt, die viele langjährige Ehen befällt, und so stürzt sich der Erzähler mit fast religiösem Eifer in ein Abenteuer mit ungewissem Ausgang. Mit grimmigem Witz und scharfem Blick für Details seziert Gudbergur Bergsson das Verhältnis von Männern und Männern, von Männern und Frauen. Ernsthaft und ironisch zugleich, in einer Sprache, die mal derb, mal zart ist, lotet der Roman das Phänomen der Liebe aus.

GUDBERGUR BERGSSON

Der Schwan

Roman
Aus dem Isländischen von Hubert Seelow
192 Seiten, stb 155, DM 14,80

*

Sie ist zum erstenmal von zu Hause weg. Zum erstenmal unterwegs von der Küste ins Innere Islands. Als Strafe für einen Ladendiebstahl verbringt ein Mädchen einen Sommer auf einem Bauernhof. Verlassen in der Fremde, allein unter schweigsamen Bauern, kann das neunjährige Mädchen die Rätsel des Landes und des Lebens allein mit ihrer Phantasie deuten. *Der Schwan* zeigt den gleichermaßen halluzinatorischen wie erheiternden Blick eines aus seiner Unschuld erwachenden Kindes – zutiefst human in seiner Naivität und seinem beglückenden Witz.

»Noch viele Tage nach der Lektüre des *Schwan* war ich wie verzaubert. In diesem Buch werden Sie einen großen europäischen Romancier entdecken, dem es mit einzigartiger Finesse gelingt, das Leben eines heranwachsenden Mädchens einzufangen.« *Milan Kundera*

»Gudbergur Bergsson ist ein ganz wunderbares Buch geglückt.«
Friedhelm Rathjen, Süddeutsche Zeitung